The British
GINGERBREAD

ジンジャーブレッド　英国伝統のレシピとヒストリー

Galettes and Biscuits

安田真理子

内外出版社

はじめに

「ブレッド」と名前がつくけれどパンではなく
ある時はケーキのような姿、ある土地では堅いビスケット
数えきれないほどたくさんの種類があって、イギリス中どこでも神出鬼没
お祭りや特別なときのご馳走になったり
そこにあるのが当たり前のおやつの時もある
そんなイギリスで一番昔から食べられている
不思議なお菓子ってなぁんだ？

　南はコーンウォールから、北はオークニーやシェットランド諸島の津々浦々まで、イギリス中で作られてきたジンジャーブレッド。その土地の風土や文化の影響を強く受け、時代と共に姿を変えつつ、中世の昔から作られてきました。

　今のイギリスで、好きなお菓子は？　と質問したら、「ジンジャーブレッド」と答える人は少ないでしょう。

　確かに見た目は恐ろしく地味で、最近の色鮮やかでフレッシュなお菓子と並んでしまったら、ほぼ存在感はゼロ、味だって華やかさはありません。でも、これほど奥深く、飽きることなく、日々変化する味わいをじっくり楽しむことができるお菓子は他にはありません。

　世の移ろいと共に、イギリス各地で愛されてきたジンジャーブレッドの多くは姿を消し、ジンジャーブレッドといえば、可愛らしいジンジャーブレッドマンしか知らない世代が多くなってきたようですが、まだまだ現役で頑張っている地方のジンジャーブレッドも少なくありません。

　探せば探すほど、魅力的なジンジャーブレッドがザクザク宝物のように出てきます。でも、ここでご紹介できるのはそのうちのごくわずか。悩みに悩んで、どれもそれぞれに味わいの違うジンジャーブレッドを選りすぐりました。

　シンプルな作り方で日持ちのする、あると安心する常備菜のようなジンジャーブレッド。

　お気に入りのジンジャーブレッドを探してみてください。

　クリームたっぷり、ふわふわの綺麗なお菓子より、しっかり地に足の着いた素朴なお菓子がお好きな方なら、一生食べ続けられる味にきっと出会えるはず。

答え：ジンジャーブレッド

Contents

Chapter
1 *Basic recipes* 〜基本のジンジャーブレッド〜

Chapter
2 *England* 〜地方のジンジャーブレッド　イングランド〜

A Brief History of Gingerbread
イギリスのジンジャーブレッド略史

　日本でも馴染みの深いスパイス、「ジンジャー」。2、3世紀ころ中国より伝わり、日本食には欠かせない存在となりましたが、ヨーロッパでも同じくらい、あるいはもっと早くから、薬としてスパイスとして珍重されてきました。

　もともと熱帯アジア原産の植物であるジンジャーが、ヨーロッパに伝わったのは1世紀ころのこと。フェニキア人によって古代ローマに伝えられ、他のスパイス同様、重要な交易品として取引されてきました。その価格は金と同等だったといいます。そんな高価なジンジャーは当初、薬や防腐剤としての使用が主でした。のちに十字軍遠征の結果、スパイスがヨーロッパ中に一気に広がると、多少なりとも価格が下がり、次第にスパイスとして調理にも使われるようになります。それでも14世紀のイギリスで、1パウンド（453g）のジンジャーが羊1匹に相当する値段だったというのだから、その希少さがうかがい知れます。

　記録に残されているなかで、最も古いケーキのひとつといわれている「ジンジャーブレッド」。ヨーロッパでの起源は、「992年、フランスのロワール地方の小さな村に、ギリシャからやってきたアルメニアの僧侶Gregory Makarが伝えた」という説や、「古代ギリシャ時代からロドス島のパン屋が焼いていたものを十字軍が持ち帰った」という説など、諸説あります。

　フランスのパンデピス、ドイツのレープクーヘンはじめ、古くからヨーロッパで作られてきたジンジャーブレッドは、どれも香辛料に加え、穀物と蜂蜜が主原料。というのも、砂糖がふんだんにヨーロッパに入るようになるのは15世紀後半以降の大航海時代に入ってから。それ以前は、甘味料といえば蜂蜜の時代だったのです。

　当然、イギリスの中世のジンジャーブレッドも主原料は蜂蜜、そしてもうひとつはパン粉。蜂蜜を温め、風味付けのシナモンやこしょう、クローブなどを加え、そこに固いペースト状になるまでパン粉を加えるのです。これを固めて乾かしたらできあがり。蜂蜜とスパイスという貴重品をたっぷり使ったそれは、つげの葉やクローブなどで飾り、贈り物にもされたそう。レシピによっては、サフランや

クラレット、レッドサンダルウッド（マメ科のコウキとも呼ばれる木）を挽いたもので色付けしたり、金箔が貼られることもありました。

　また興味深いのは、初期のものはジンジャーブレッドと名は付きつつも、シナモンやこしょうが入り、ジンジャーは入らないというレシピも珍しくなかったこと。「ジンジャーブレッド＝スパイスと蜂蜜の入った甘い菓子」という認識だったのでしょう。

　16、17世紀になると、徐々に卵やバターも手に入りやすくなり、パン粉が小麦粉に、蜂蜜が砂糖や糖蜜（トリークル）に取って代わり、現代のジンジャーブレッドに近いものが登場します。た

パン粉と蜂蜜、スパイスで作る中世のジンジャーブレッド。レッドサンダルウッドの粉末（皿の上の赤い粉）で色付けし、ツゲとクローブで飾りつけしたもの

だし、初期のジンジャーブレッドは精巧な彫りを施した木の型で作られる、職人の手によるものが多かったようです。

　シェークスピアの「恋の骨折り損」にはこんな一説があります。「And I had but one penny in the world, thou should'st have it to buy gingerbread.（俺に1ペニーでもあったら、ジンジャーブレッド代にお前にやるところだけどなぁ）。」こんなセリフが登場するくらいですから、シェークスピアの時代には、すでにメジャーなお菓子だったに違いありません。

　17世紀にはスパイスの需要の高まりとともに、西インド諸島からの輸入量も増加。ジンジャーは高価ながらも何とか庶民にも手の届く範囲のスパイスとなり、祝祭日やフェア（P74）などの特別な折には、家庭でもジンジャーを加えたお菓子を作るようになります。ある地方ではオーツを加え、ある地方ではドライフルーツやビールを加えてと、それぞれに特徴のあるジンジャーブレッドがイギリス各地で生まれていきました。そんな地方の村々で育まれた個性豊かなジンジャーブレッドたちは、キッチンで親から子へ、あるいはベイカリーで秘伝のレシピとして、受け継がれていきます。

　ところが生活様式の変化などに伴い、季節ごとの伝統行事やフェアも衰退し、家庭で手作りする人も、地元の味を伝える個人店も減少の一途を辿っています。地方の味を探すのはなかなか難しい昨今です。

Gingerbread map

Orkney

Broonie

Inverness gingernuts

Scotland

Scottish perkin

Parlies

Yorkshire parkin

Northern Ireland

Irish stout gingerbread

Grasmere gingerbread

England

Ormskirk gingerbread

Grantham gingerbread

Ireland

Honey gingerbread

Wales

Cotswolds gingerbread

Gingerbread man

Cornish fairing

Chapter 1

Basic recipes

～基本のジンジャーブレッド～

まずは現代のイギリスで食べられている
最も一般的なジンジャーブレッド
3種をご紹介します

Treacle Gingerbread

トリークルジンジャーブレッド

トリークル ジンジャーブレッド

Treacle Gingerbread

 ブラックトリークルたっぷりの、
どこまでもしっとりとしたケーキタイプの王道

スティッキージンジャーブレッド、モイストトリークルジンジャーブレッドなど呼び名はいろいろですが、地方を問わず、イギリス中で愛されているのがこのタイプのジンジャーブレッドです。形も、トレイベイク（浅い長方形の型）に丸形、ローフ型と様々ですが、真っ黒な見た目、しっとりを超えて、弾力のあるもっちりとしたテクスチャーは共通。オールドファッションな、誰もが懐かしさを感じるケーキです。

名前にもなっているトリークルとは、砂糖を精製する際にできる副産物の糖蜜（P136）のこと。これとバターを一緒に溶かしてたっぷり加えることで、独特のしっとりとした食感が生まれます。その保湿力は驚くほど。焼いた当日よりは翌日、さらにその翌日と、味わいとしっとり感が増していき、毎日少しずつ違う味わいが楽しめます。

Recipe 〈18cm 丸型または 17 × 27cm 長方形型〉

A	薄力粉	145 g
	重曹	小さじ 1/2
	ベーキングパウダー	小さじ 1/2
	ジンジャーパウダー	小さじ 1½
	シナモン	小さじ 1/4
	ミックススパイス	小さじ 1/4
	グラニュー糖	110 g
B	無塩バター	60 g
	ブラックトリークル	120 g
	牛乳 125ml　　卵 1 個	

下準備　オーブン余熱 160℃
型にオーブンペーパーを敷く

❶ B を小鍋に入れて中火にかけ、バターが溶けるまで混ぜながら加熱します。火からおろして牛乳を混ぜ、粗熱が取れたら卵を混ぜます。

❷ A を合わせてボールにふるい入れ、グラニュー糖も加えてざっと混ぜます。①を加えて、ホイッパーでよく混ぜ合わせます。

❸ 型に流し入れ 160℃のオーブンで 45 分ほど焼きます。（浅い長方形型で焼く場合は 30 ～ 35 分ほど）

Tip 涼しいところで密閉保存し、翌日以降が食べごろです。

1. バターやトリークルを煮溶かしてから粉に加えます　2. できあがる生地はゆるゆるの液体状
3.4. 好みの型に入れて焼きあげます

Tip　アイシングでデコレーションをするときは、できれば食べる当日に。粉砂糖 75 gにジンジャーパウダーをひとつまみと水大さじ 1 弱を加え、ゆっくりと垂れる程度の固さのアイシングを作ります。ケーキの表面に塗り、あればクリスタライズドジンジャー（P137）をのせます。

Gingerbread Men
ジンジャーブレッドマン

ジンジャーブレッドマン

Gingerbread Men

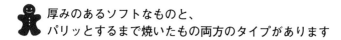 厚みのあるソフトなものと、
パリッとするまで焼いたもの両方のタイプがあります

　子どもたちに大人気のジンジャーブレッドマン。今にも歩き出しそうなその姿は、今ではジンジャーブレッドの代名詞。重曹が入るため、優しく膨らんだその輪郭はそのままに、成型の際の厚さと焼き時間でソフトにも、パリッとさせることもできます。

　1年を通して売られていますが、やはり一番多く目にするのがクリスマスシーズン。日持ちもするので、プレゼントにしたり、クリスマスツリーのオーナメントにしたりと大活躍です。形はジンジャーブレッドマンとしては男の子になりますが、星やトナカイなどクリスマスモチーフも色々登場します。スカート姿の女の子もいるので、昨今はジンジャーブレッドピープルと呼ばれることも。

　このジンジャーブレッドマンの誕生には諸説あるものの、よくいわれているのは、16世紀後半、エリザベス1世（1533 - 1603）が要人をもてなすために、その人の姿に似せたジンジャーブレッドを作らせていたのが始まりという説。贈られた客人には嬉しいサプライズです。それは現代のような抜型ではなく、細部までこだわったモールドで作られ、金箔を施すこともあったそう。17世紀に彫られた精緻な木型が今も残っています。

　その後もこの手の込んだ人型のジンジャーブレッドはフェア（P74）などで売られ、しばし人気を誇りますが、それが今の愛らしい男の子になったのはいつのことか。それはおそらく、1875年、アメリカの子ども雑誌、「St. Nicolas Magazine」にジンジャーブレッドの男の子が主役の物語、「The Gingerbread man（The Gingerbread Boy）」が掲載されたのがきっかけだろうといわれています。ある日、おばあさんのおうちのオーブンから飛び出したジンジャーブレッドの男の子。すたこらさっさ、追手を振り切りながら森の中を逃げ回ります。きっといい匂いを漂わせていたのでしょう、最後に

はきつねに食べられてしまう……というお話。

　また近頃はイギリスでも、クリスマスにはジンジャーブレッドマン同様、ジンジャーブレッドハウス（ヘキセンハウス）が人気です。これは1812年ドイツでグリム兄弟が「ヘンゼルとグレーテル」を出版して以降、急速に普及したのだとか。子どもはもちろん、大人も思わず笑顔になってしまうジンジャーブレッドマン。今年のクリスマスは誰かにプレゼントしてみませんか？

Recipe 〈身長13cmジンジャーブレッドマン型×12枚分〉

A	薄力粉	300 g
	重曹	小さじ1
	ジンジャーパウダー	小さじ2
	シナモン	小さじ1/3
B	無塩バター	50 g
	ブラウンシュガー	110 g
	ゴールデンシロップ	大さじ3
	牛乳	大さじ4

下準備　オーブン余熱160℃
天板にオーブンペーパーを敷く

❶ Bを小鍋に入れて中火にかけ、バターと砂糖が溶けるまで混ぜながら加熱します。火からおろし、牛乳を加えて混ぜ、粗熱を取っておきます。

❷ Aを合わせてボールにふるい入れます。①を加えてゴムベラで粉っぽいところがなくなりひと固まりになるまで混ぜ合わせます。ラップに包んで薄く平らにのばし、生地が冷えて扱いやすくなるまで室温においておきます。

❸ めん棒で厚さ4mmほどに伸ばし、好みのクッキー型で抜きます。160℃のオーブンで13分ほど焼きます。焼き上がりはソフトなので、しっかり冷めるまで天板にのせておきましょう。

昔のジンジャーブレッドの木型と、金箔を施したその模型

15

Gingernuts

ジンジャーナッツ

ジンジャーナッツ

Gingernuts

 ほどよく効いたジンジャーと、
ひび割れた姿が特徴の歯ごたえのいいビスケット

　ビスケットタイプのジンジャーブレッドの代表格、「ジンジャーナッツ」。「ジンジャースナップ」とも呼ばれます。もともとはフェア（P74）で売られていたジンジャーブレッドが原型になっており、いつでも台所にあるジンジャーパウダーとトリークルを入れて、家庭でもよく作られてきました。

　レシピは様々ですが、どれも特徴はその歯ごたえのある堅さ。子どもも大人も、マグカップの紅茶にダンク（浸す）して食べるのが大好きです。今はもっぱらスーパーで買うビスケットのイメージですが、ある意味、今のイギリスで最も食べられているジンジャーブレッドかもしれません。

　ちなみに、ジンジャーナッツという名前ですが、ナッツが入っているわけではなく、ひび割れたその姿かたちと堅さに由来しているそうです。

Recipe 〈15枚分〉

A	薄力粉	175 g
	ベーキングパウダー	小さじ 1½
	重曹	小さじ 1/2
	ジンジャーパウダー	小さじ 1½
ブラウンシュガー		100 g
B	無塩バター	50 g
	ゴールデンシロップ	大さじ 1
卵		1/2 個分（約 30 g）

下準備 オーブン余熱 160℃
天板にオーブンペーパーを敷く

❶ B を小鍋に入れて弱火にかけます。バターが溶けたら火からおろし、粗熱が取れたら卵を混ぜておきます。

❷ A を全て合わせてボールにふるい入れ、ブラウンシュガーを加えてざっと混ぜ合わせます。

❸ ②に①を回し入れ、最初はゴムベラなどで混ぜ、次に手でひと固まりになるようまとめます。15 個に分けて丸め、天板に並べて軽く手で押しつぶします。160℃のオーブンで 15 〜 20 分ほど焼きます。

Chapter
2
England

～地方のジンジャーブレッド　イングランド～

イングランド各地に伝わる
数多くのジンジャーブレッドの中から
今はもう姿を消してしまったものも含めて
厳選の 21 種

Cornish
Fairings
コーニッシュフェアリング

コーニッシュフェアリング

Cornish Fairings

 表面のひび割れが特徴的な、
コーンウォール名物のジンジャービスケット

　フェアリングとは、もともとフェア（P74）で売られている食べ物全般を指す言葉でした。それが次第にお祭りのお土産品として人気だったジンジャーブレッドのみを指すようになり、今ではフェアリングといえばコーンウォールのこのジンジャービスケットを指す言葉となっています。

　きっかけは1886年、Truroでティールームを営むJohn Cooper Furniss氏が売り出したフェアリング。あまりの美味しさにたちまちコーンウォール名物となり、メールオーダーで全国から注文が殺到するまでになります。Furnissブランドのフェアリングは、今なお全国のスーパーで買うことができるほど有名です。

　イギリスのスパイス貿易の玄関口でもあったコーンウォール。ジンジャーやサフランはじめ、様々なスパイスを使った名物が多い、この地を代表するお菓子のひとつです。

Recipe 〈約20枚分〉

A	薄力粉	120 g
	ベーキングパウダー	小さじ1
	重曹	小さじ1
	ジンジャーパウダー	小さじ1½
	ミックススパイス	小さじ1
	シナモン	小さじ1/2
ブラウンシュガー		60 g
無塩バター		60 g
ゴールデンシロップ		大さじ2

下準備 オーブン余熱 180℃
天板にオーブンペーパーを敷く

Tip 焼きたては柔らかいので、完全に冷めてから天板から移しましょう。

❶ Aを合わせてボールにふるい入れ、ブラウンシュガーを加えてざっと混ぜます。バターを加え、指先でバターをすりつぶすようにしながら、サラサラのパン粉状にします。

❷ ゴールデンシロップを耐熱の器に入れて軽くレンジで温め、①に回し入れます。最初はゴムベラなどで混ぜ、次になめらかな生地になるまで手で混ぜ合わせます。

❸ 約20個に分けて手で丸め、天板に間隔を十分にあけて並べます。オーブンの温度を160℃に下げて15分ほど焼きます。

コーンウォールの海沿いの街には、青い海と美味しい乳製品、穏やかに流れる空気を求めて多くの観光客が訪れます。

1. Truroの町のタウンクライアー　2. コーンウォールの青い海と街並み　3. Truroの美味しいティールーム（Charlotte's teahouse）　4. 潮が引いたときのセント・マイケルズマウント

Cotswolds
Gingerbread

コッツウォルズジンジャーブレッド

コッツウォルズ
ジンジャーブレッド

Cotswolds Gingerbread

 バスケットに詰めてピクニックに行きたい
爽やかな味わいのジンジャーブレッド

　ロンドンから西に200km、コッツウォルズ地方はなだらかな丘陵地帯が広がるカントリーサイド。羊たちがのんびり草を食み、蜂蜜色の村が点在する牧歌的な風景を求め、世界中から観光客が訪れます。中世に毛織物産業で栄えたこの地方、村々の中心部に今も、古いマーケットプレイスの跡が多く残されています。Mop Fair（P74）はじめ、昔のマーケットには沢山の屋台が立ち並びましたが、中でも人気だったのがジンジャーブレッド。

　堅めのビスケットタイプが多かったようですが、これは変わり種。オレンジピールを間にサンドし、表面に卵白を塗ってからお砂糖をふって焼くので、薄氷をまとったような焼きあがりに。カシャリとした食感が楽しめます。

Recipe〈18cm 角型 1 台分〉

A	薄力粉	225 g
	ベーキングパウダー	小さじ 2
	ジンジャーパウダー	小さじ 1½
	グラニュー糖	85 g
	塩	ひとつまみ
B	無塩バター	110 g
	ゴールデンシロップ	小さじ 2
	卵黄	2 個分
	ミックスピール（みじん切り）	110 g
	卵白	1 個分
	グラニュー糖	大さじ 2

下準備　オーブン余熱170℃
型にオーブンペーパーを敷く

❶ Bを小鍋に入れ、弱火でバターが溶ける程度に温めます。火から下ろし、粗熱が取れたら、卵黄を加えて混ぜ合わせます。

❷ Aを合わせてボールにふるい入れ、①を加えて、全体が均一な生地になるまでゴムベラで混ぜ合わせます。

❸ 型に②の半量を敷き詰め、ミックスピールを散らし、残りの生地を入れて平らにならします。

❹ 卵白をフォークで軽くかきたて細かい泡が立ったら、③の表面に厚めに塗り、グラニュー糖をふりかけます。170℃のオーブンで45〜50分ほど焼きます。途中表面が焦げすぎる場合はアルミホイルで覆いましょう。しっかり冷めたらすぐに食べごろです。

1. 初夏の野に咲き乱れるポピー　2. 春には可愛らしい仔羊たちが　3. ローマ時代から栄える町 Cirencesterのマーケットプレイス　4. コッツウォルズストーンの街並みが美しいCastle Combeの村

Holywake
Bake Cake

ホーリーウェイクベイクケーキ

ホーリーウェイク
ベイクケーキ
Holywake Bake Cake

 ほろりともろい、ややドライな食感
たっぷりのミルクティーを添えて召し上がれ

Holywake（ホーリーウェイク）とは17世紀、コッツウォルズで使われていたボンファイア（P50）を指す言葉。もともとは異端者の火あぶりに起源があるそうです。この火あぶりや絞首刑といった公開処刑が、庶民にとって興味ある見世物のひとつだった時代、商売人が見物客に売って回っていたのが、このケーキなのだとか。

そんな恐ろしい時代が去ったあとは、コッツウォルズの村々で開かれる楽しいボンファイア用に焼かれるようになっていきました。このケーキもさぞや安心したに違いありません。

この地方のジンジャーブレッドとしては珍しく、オーツが入るパーキンタイプ（P66）、あっさりとした味わいです。

Recipe 〈17×27cm 長方形型 1 台分〉

A	薄力粉	170 g
	重曹	小さじ 1/2
	ベーキングパウダー	小さじ 1
	ジンジャーパウダー	大さじ 1
	オートミール	55 g
	レーズン	110 g
B	無塩バター	85 g
	ブラウンシュガー	85 g
	ブラックトリークル	40 g
	ゴールデンシロップ	40 g
	牛乳	140ml
	卵	1 個
	粉砂糖（仕上げ用）	適量

下準備 オーブン余熱 170℃
型にオーブンペーパーを敷く

❶ B を鍋に入れて火にかけ、バターと砂糖が溶けたら火からおろします。牛乳を加え、粗熱が取れたら、卵を加えて混ぜ合わせます。

❷ オートミールをフードプロセッサーにかけて細かく砕き、ボールにあけます。A の材料全てを合わせて同じボールにふるい入れ、レーズンも加えます。

❸ ②のボールに①を流し入れて、ゴムベラでムラなく混ぜ合わせます。型に生地を流し入れ170℃のオーブンで 40 分ほど焼きます。

Tip 冷めたら涼しい場所で密閉保存し、翌日からが食べごろです。粉砂糖は食べる直前にふりましょう。

緑の丘の先にひょっこりと
現れる小さな村々。
コッツウォルズではティー
ルーム巡りも楽しみのひと
つです。

1.「なだらかな丘陵地帯と羊たち」がコッツウォルズの象徴　2. 12世紀にはすでに羊毛産業で栄え
ていました　3. ティールームでひと休み　4. 古いマーケットホールが残るコッツウォルズストーンの街
並み

Norfolk Fair Buttons

ノーフォークフェアボタン

ノーフォークフェアボタン

Norfolk Fair Buttons

 伝統的なとっても堅いビスケット
割りながら少しずつ召し上がれ

　ノーフォークはイングランド東部の海に面したカウンティー。その州都の Norwich（ノリッチ）は古くから、農業や羊毛をはじめとした商取引で栄え、この近辺だけでもEaster Fair（イースター フェア）にTombland Fair（トンブランド フェア）、Great Yarmouth（グレート ヤーマス）のPre-Lenten Fair（プリ レンテン フェア）はじめ、たくさんのフェア（P74）が中世の時代から開かれてきました。

　そこで売られていたのが「Norfolk fair buttons（ノーフォーク フェア ボタン）」あるいは「Norfolk gingers（ノーフォーク ジンジャーズ）」と呼ばれる、ビスケットタイプの丸いジンジャーブレッドです。多くのジンジャーブレッド売りが賑やかな市で、他に負けじと「Come, buy my hot spice-gingerbread, smoking hot!」と呼び声高らかにお客さんを集めていたそう。

　今でも大聖堂やマーケット、中世の建物が残るノリッチの街並みを歩くと、ジンジャーブレッド売りの声が聞こえてきそうです。

Recipe 〈約30枚分〉

	薄力粉	225 g
A	重曹	小さじ1/2
	ジンジャーパウダー	小さじ1/2
	ブラウンシュガー	110 g

ラード（または無塩バター）55 g
レモンの皮（すりおろし） 1/2 個分

B	ブラックトリークル	55 g
	ゴールデンシロップ	55 g

下準備　オーブン余熱 170℃
天板にオーブンペーパーを敷く

❶ A を全て合わせてボールにふるい入れます。ラード（またはバター）を加え、指先をすり合わせるようにして、全体をサラサラのパン粉状にします。

❷ B を耐熱の器に入れて軽くレンジなどで温め、①に回し入れます。レモンの皮も加え、全体が均一な生地になるまでゴムベラなどで混ぜ合わせます。

❸ 厚さ5mm になるようめん棒で伸ばし、直径5cm の丸型で抜きます。170℃のオーブンで10 ～ 12 分 ほど焼きます。完全に冷めてから天板から移しましょう。

1. ノリッチのTomblandに残る16世紀の建物　2. ノリッチ大聖堂の美しい回廊　3. ノリッチのロイヤルアーケード　4. ノリッチはColman'sマスタードの生まれ故郷

Grantham
Gingerbread

グランサムジンジャーブレッド

グランサム
ジンジャーブレッド

Grantham Gingerbread

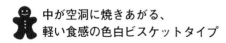 中が空洞に焼きあがる、
軽い食感の色白ビスケットタイプ

　イングランド中部、リンカンシャーにある古いマーケットタウン「グランサム」。グランサムといえば、英国初の女性首相マーガレット・サッチャーの生まれ故郷であり、アイザック・ニュートンがKing's Schoolに通ったことで有名な町です。

　サッチャー氏の実家は、ここグランサムで食料品や雑貨を扱う商店でした。もしかしたら、彼女もおやつに食べていたかもしれない「グランサムジンジャーブレッド」とはどのようなものだったのでしょう。

　別名「Grantham white gingerbread（グランサム ホワイト ジンジャーブレッド）」とも呼ばれるそれは、色白でコロンとした愛らしい姿。他の、トリークル色に染まった色黒のジンジャーブレッドとは一線を画します。そして一口かじると、中は空洞。たっぷり入るお砂糖のせいか、どこかカルメ焼きにも似た、軽くジンジャーの香る優しい味わいは、一度食べると虜になる美味しさです。

　このジンジャーブレッドが生まれたのは、今から280年ほど前のこと。グランサムの街からそう遠くないNewarkにMr. John Egglestonが営む人気のベイカリーがありました。そして彼の長男ウイリアムが兵役から戻り、グランサムに新たなベイカリーを構えたのが1740年。当時、グランサムはロンドンからエディンバラへと通じるGreat North Roadの要所でした。駅馬車が主要な移動手段だったこの頃は、ここで馬を変え、駅者（ぎょしゃ）も乗客もThe George Hotelで休憩や宿をとります。そして、この日持ちのする平たい堅焼きビスケット「Grantham Whetstones（グランサム ウエットストーン）」を買うのが常だったのです。

　ある日、ウイリアムがこのビスケットを作る際、材料をひとつ入れ間違ってしまいます。その日オーブンから出てきたのは、軽く持ち上がり、中は空洞でキャラメルのような風味のする、とても美味しいものでした。このビス

ケットはそのあまりの美味しさに瞬く間に評判となり、旅人たちの間で「グランサムジンジャーブレッド」として知られるようになったのだとか。

　その後、1970年代まではうちこそがオリジナルレシピと謳い、いくつものベイカリーが店頭に並べていました。しかし時代は流れ、スーパーマーケットが台頭し始めると、町の小さな商店たちは姿を消し、いつの間にかグランサムジンジャーブレッドを焼く店もなくなっていました。

　それがここ数年、こんな美味しいジンジャーブレッドを見捨てておくのは勿体ないと、グランサムの街でジンジャーブレッドが復活を遂げています。当時の味はそのままに、お土産に思わず買いたくなるおしゃれなパッケージに入れられたグランサムジンジャーブレッドは、またこの街を行き交う人々の定番アイテムになりつつあるようです。

Tip:乾燥剤と共に缶などに入れておけば、3週間は日持ちするので、おやつにもピッタリです。

Recipe 〈約40個分〉

無塩バター		110 g
グラニュー糖		225 g
卵		1/2 個
A	薄力粉	225 g
	重曹	小さじ 3/4
	ベーキングパウダー	小さじ 1/2
	ジンジャーパウダー	小さじ 1

【下準備】オーブン余熱 130℃
バターと卵を室温に戻す
天板にオーブンペーパーを敷く

❶バターをゴムベラでクリーム状に練り、グラニュー糖を数回に分けて加えながらすり混ぜます。卵も少しずつ加えて更に混ぜ合わせます。

❷Aを合わせて①にふるい入れ、ゴムベラで軽く混ぜたら、手でこねてひとつにまとめます。

❸ひとつ 15 gずつに分けて丸め、天板に間隔をあけて並べます。130℃のオーブンで40 〜 45 分ほど、色を付けないように焼きあげます。

1. グランサムのマーケットプレイス　2. 町中のカフェで売られているグランサムジンジャーブレッド
3. グランサムジンジャーブレッドののったジンジャーブレッドケーキ　4. ニュートン像は町のシンボル

Brandy Snaps
ブランデースナップ

ブランデースナップ

Brandy Snaps

カシャッと割れる
レースのように透ける繊細なビスケット

　これもまたジンジャーブレッドの一種。ホイップクリームを詰めるのが定番ですが、スーパーではバスケットタイプも売られており、アイスクリームの器としても人気です。

　イギリスではレトロデザートといった扱いですが、実際には1800年代初頭から、Nottingham Goose Fairはじめ、フェア（P74）で売られていた伝統的なお菓子。当時は別名、JumblesまたはFairingsとも呼ばれており、くるりと巻かずにフラットなままでも売られていたそうです。イングランド東海岸Kingston upon HullのHull Fairでは、今でも1850年創業のWright & Co社のブランデースナップ屋台が名物です。ちなみにその名前ですが、ブランデーはbranded（＝焦がされた）に、そしてスナップには昔、snack（軽食）という意味もあったそうで、こちらに由来するという説もあります。

Recipe 〈約20個分〉

A	無塩バター	50g
	グラニュー糖	50g
	ゴールデンシロップ	大さじ2

| B | ブランデー（好みで） | 小さじ1 |
| | レモン果汁 | 小さじ1 |

| C | 薄力粉 | 50g |
| | ジンジャーパウダー | 小さじ1/2 |

生クリーム 150ml
（乳脂肪分40％以上）

下準備 | オーブン余熱170℃
天板にオーブンペーパーを敷く

Tip | バスケット型は、小さじ2杯ほどの生地を焼き、逆さまに置いたプリンカップなどの上にのせて形作ります。

❶小鍋にAを入れて中火にかけ、混ぜながら加熱します。バターと砂糖が溶けたら火から下ろしてBを加えます。Cをふるい入れ、ゴムベラでムラなく混ぜあわせたら生地の完成。

❷天板に①を小さじ山盛り1杯ずつ間隔を大きくあけて置きます。170℃のオーブンで10分ほど全体が茶色になるまで焼いて取り出します。30秒ほどしたらパレットナイフで持ち上げ、木のスプーンの柄などに巻き付けて形作ります（熱いので軍手などをしてください）。冷めて固まったら取り外します。

❸生クリームを柔らかい角が立つ程度に泡立てます。星口金をつけた絞り出し袋に入れて、②の穴に絞り出します。湿気りやすいのですぐにいただきましょう。

1. フェアがやってくると突然町は遊園地に　2. フェアの定番、車型メリーゴーラウンド　3. Hullの町名物、クリーム色の電話ボックス　4. 市販の箱入りブランデースナップはひと昔前の定番アイテム

Ashbourne Gingerbread

アッシュボーンジンジャーブレッド

アッシュボーン
ジンジャーブレッド
Ashbourne Gingerbread

 ほのかにジンジャーとゴールデンシロップが香る、
ほどよい歯ごたえと優しい味わいのビスケットタイプ

　アッシュボーンは、イングランド中部の小さなマーケットタウン（P74）。1257年から市が開かれているマーケットプレイスは、古い建造物に囲まれています。

　中でも一際目を引く白壁に黒のティンバーの建物が、「The Ashbourne Gingerbread shop」。1492年の建造で、1805年まではRoebuck innという宿屋として、その後は代々ベイカリーとして使われてきました。言い伝えによると、ナポレオン戦争下（1799 - 1815）に捕虜のひとりとしてアッシュボーンに連れてこられたフランス軍将官の料理人が、このベイカリーの主人にジンジャーブレッドのレシピを教えたのが始まりだとか。

　現在この店の持ち主は変わってしまいましたが、100年以上代々この店でベイカリーを営んでいたSpencers the Bakerのオリジナルジンジャーブレッドは、今でも町のデリなどで見つけることができます。

Recipe〈約30枚分〉

無塩バター		110 g
きび砂糖		110 g
ゴールデンシロップ		大さじ1
A	薄力粉	225 g
	ジンジャーパウダー	小さじ2
	塩	ひとつまみ
打ち粉		適量

【下準備】オーブン余熱160℃
バターを室温に戻す
天板にオーブンペーパーを敷く

❶ボールにバターときび砂糖を入れ、ゴムベラで白っぽくなるまですり混ぜます。ゴールデンシロップも加えてひと混ぜします。

❷①にAを合わせてふるい入れ、ゴムベラで混ぜて生地をひとつにまとめます。

❸打ち粉をした台に②の生地を取り出して2つに分け、それぞれを幅5cmくらいのなまこ型にします。1cm厚さにカットして天板に並べ、160℃のオーブンで15分ほど焼きます。

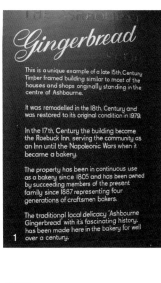

Gingerbread

This is a unique example of a late 15th Century Timber framed building similar to most of the houses and shops originally standing in the centre of Ashbourne.

It was remodelled in the 18th Century and was restored to it's original condition in 1979.

In the 17th Century the building became the Roebuck Inn, serving the community as an Inn until the Napoleonic Wars when it became a bakery.

The property has been in continuous use as a bakery since 1805 and has been owned by succeeding members of the present family since 1887 representing four generations of craftsmen bakers.

The traditional local delicacy 'Ashbourne Gingerbread' with it's fascinating history, has been made here in the bakery for well over a century.

Tip ジンジャーブレッドマン型にするときは生地を5〜6mmの厚さに伸ばし、好みのサイズの型で抜き、カランツやドレンチェリーで飾ってから焼き上げましょう。

1. ジンジャーブレッドがずっとここで作られていたことを説明するプラークがショップの壁に掲げられています　2. 現在のジンジャーブレッドショップで売られているジンジャーブレッド　3.4. アッシュボーンのマーケットプレイスと、そこに面するジンジャーブレッドショップ

Ormskirk Gingerbread

オームスカークジンジャーブレッド

オームスカーク ジンジャーブレッド

Ormskirk Gingerbread

 スパイスとほのかにレモンが香る、ほどよい歯ごたえのビスケットタイプ

　Ormskirk（オームスカーク）はイングランド北西部、リバプールから20kmほど北に位置する小さなマーケットタウン（P74）です。ここのジンジャーブレッドは色がやや薄めで、直径6cmほどの丸いビスケット。加えるスパイス類は作り手により微妙に違い、ジンジャーのほかにミックススパイス（P138）や、レモンで香り付けされることもあります。

　その歴史は長く、1700年代にはすでに町の名物となっていました。このジンジャーブレッドを有名にしたのは、味もさることながら、その独特の売り方。営業許可をもつ女性たちがそれぞれ家で焼いたジンジャーブレッドをかごに詰め、町のハイストリートやCoaching inn（コーチング イン）と呼ばれる駅馬車の宿などで、手売りしていたのです。

　町の記録によると、1732年にジンジャーブレッドが登場し、1790年にはジンジャーブレッドレディーたちによる販売が行われていたとのこと。19世紀に入り鉄道が開通すると、今度は駅での販売が始まり、いよいよ人気が高まります。イーストランカシャー鉄道会社には、20ポンド支払って営業許可を得た5人のジンジャーブレッドレディーたちの記録が残っているそうです。中でもSarah Fyles（サラ ファイルズ）さんのジンジャーブレッドは、エドワード7世も大のお気に入りだったとか。

　その後、一度は消えてしまったオームス

D.C.Scott & Sons のジンジャーブレッド

D.C.Scott & Sons のジンジャーブレッド

カークジンジャーブレッドの火ですが、近年少しずつリバイバルしつつあり、商店街ではそこここで可愛らしいジンジャーブレッドたちの看板がお出迎えしてくれます。ここ数年はジンジャーブレッドフェスティバルが開かれたりと、町おこしにも一役買ってくれているようです。

ジンジャーブレッドに出会うには、1286年から続くマーケット（木・土曜日開催）で探してみるか、あるいはChurch Street にある老舗のお肉屋さんD.C. Scott & Sonsで、オリジナルレシピを使っているというジンジャーブレッドを購入することができます。ここでは運が良ければ、可愛らしいジンジャーブレッドマンが売られている日もありますよ。

Recipe〈約24枚分〉

	無塩バター	110 g
A	きび砂糖	110 g
	ゴールデンシロップ	大さじ2
	ブラックトリークル	大さじ2
	薄力粉	280 g
B	ベーキングパウダー	小さじ2
	ジンジャーパウダー	小さじ2
	シナモン	小さじ1

レモンの皮のすりおろし　1/2 個分

下準備 オーブン余熱170℃
バターを室温に戻す
天板にオーブンペーパーを敷く

❶ Aを全てボールに入れ、ゴムベラでよく混ぜます。

❷ ①に B を合わせてふるい入れ、レモンの皮も加えて混ぜ合わせます。粉が見えなくなりひと固まりになったら、手でこねて均一な生地にします。

❸ 4〜5mm 厚さに伸ばし、直径6cm の丸型で抜き、天板にのせます。 170℃のオーブンで15 分ほど焼きます。

1. この日はマーケットデイ　2.3. 1923年創業のD.C. Scott & Sonsとそのジンジャーブレッド
4. オームスカークの商店街ではジンジャーブレッドがお出迎え

Preston
Gingerbread
プレストンジンジャーブレッド

プレストン
ジンジャーブレッド

Preston Gingerbread

 ドライで軽く、紅茶と一緒に口の中でほどける
珍しい食感のジンジャーブレッド

　イングランド北西部ランカシャーの州都でもあるプレストン。古英語で priest's settlement（聖職者の地）を意味する町の名からも分かるように、その歴史は古く、1179年にはすでにマーケットタウン（P74）の資格を得、毛織物産業で繁栄していました。

　このジンジャーブレッドの特徴は何といっても、その乾いたような不思議な食感。トリークルはたっぷり入るのに、お砂糖が入らないせいか、しっとり感はなく、甘みはとても控えめです。アイシングを塗らず、焼いたあと1〜2日乾かしてから、シンプルに食べることも多かったようです。

Recipe 〈21cm角型1台分〉

A	薄力粉	225 g
	重曹	小さじ2/3
	ジンジャーパウダー	小さじ2/3
	ミックススパイス	小さじ1/8
	ナツメグ	小さじ1/8

無塩バター	55 g
ブラックトリークル	150 g

B	牛乳	50ml
	卵	1個

＜アイシングをする場合＞
無塩バター50g、粉砂糖80g、ゴールデンシロップ大さじ2、ジンジャーパウダー小さじ2を小鍋に入れて、弱火で煮溶かし、ふちがフツフツしてきたら火から下ろします。1〜2分置いてから冷めたケーキの上にかけ、パレットナイフなどでならし、好みでクリスタライズドジンジャーをのせます。

下準備 オーブン余熱170℃
型にオーブンペーパーを敷く

❶ Aを全て合わせてボールにふるい入れます。バターを加え、指先をすり合わせるようにして、全体をサラサラのパン粉状にします。

❷ ブラックトリークルを耐熱の器に入れ、ゆるくなる程度に軽くレンジで温め、Bを加えてよく混ぜ合わせます。これを①に回し入れ、全体が均一な生地になるまでゴムベラで混ぜ合わせます。

❸ 型に入れて均等に平らにならし、170℃のオーブンで30分ほど焼きます。

Tip 粗熱が取れたら、涼しいところに密閉保存し、翌日以降が食べごろです。

Lancashire
Parkin

ランカシャーパーキン

ランカシャーパーキン

Lancashire Parkin

Around here

日ごと増す味わいの変化も楽しい、
ビスケットとケーキの中間タイプ

　イギリス全土で食べられているジンジャーブレッドですが、特に種類が多いのがイングランド北部。中でも、ランカシャー、ヨークシャー地方はオーツが入った「パーキン」と呼ばれるジンジャーブレッドで有名です。寒冷な気候により小麦があまり育たず、オーツの栽培が盛んだったためです。

　パーキンというと、ヨークシャーパーキン（P66）のような黒いタイプが有名ですが、実際には地域ごとにかなりの種類があり、ランカシャーのものはゴールデンシロップ入りで色白。また、ここでご紹介するレシピは膨張剤が入らないため、目の詰まった重量感のある焼き上がりです。

　日を追うごとに甘さが馴染み、味わいが増していくので、燃料も貴重だった昔の人たちは一度にたくさん焼き、少しずつ味わいました。特に10月末から11月にかけて多く行われる祭り事には欠かせないお菓子として、長く愛されてきたジンジャーブレッドです。

Recipe 〈15cm角型1台分〉

オートミール	110g
A	薄力粉	110g
	塩	ひとつまみ
	ジンジャーパウダー	小さじ2
B	きび砂糖	110g
	ゴールデンシロップ	110g
	無塩バター	110g
牛乳	60ml
卵	1個

下準備　オーブン余熱160℃
型にオーブンペーパーを敷く

❶ Bを小鍋に入れて弱火にかけ、バターと砂糖が溶けたら火から下ろします。粗熱がとれたら、牛乳と卵を加えて混ぜ合わせます。

❷ オートミールをフードプロセッサーにかけてできるだけ細かく砕きます。ボールにあけ、そこにAを合わせてふるい入れます。

❸ ②のボールに①を流し入れ、全体が均一な生地になるようゴムベラで混ぜ合わせます。型に入れて平らにならし、160℃のオーブンで60〜70分焼きます。

Tip　完全に冷めたら、涼しいところに密閉保存し、3日目からが食べごろです。

Bonfire Night / Guy Fawkes Day について

　ハロウィンが終わった11月初旬、なぜかイギリスではそこかしこで花火が鳴り響きます。凍りそうな寒さに震えながら眺める花火。花火といえば「夏の風物詩」の日本からするとちょっと不思議な感じですが、これには400年を超える深く長い歴史があります。

　16世紀前半、ヘンリー8世が自身の再婚のために創立したイングランド国教会。その後カトリック教徒との宗教対立は深刻な問題となるのですが、中でも有名な事件が、1605年11月5日に起きた、カトリック教徒による国会議事堂爆破、およびジェームズ1世暗殺未遂事件です。結論から言うと、直前に密告の手紙が届いたことで陰謀は未遂に終わるのですが、その時、現行犯として逮捕されたのがGuy Fawkesという男でした。議事堂の地下室に大量の爆薬と共に潜んでいたガイはその後、ロンドン塔に幽閉され拷問を受けた挙句、死刑に処されます。

　この陰謀の失敗と国王の無事、国家の平和を祝うため、事件の翌年から11月5日は祝日と定められました（1859年廃止）。人々はガイフォークスを模した人形を作って町中を引きずり回し、最後にBonfire（篝火）にその人形を投げ込み、花火を鳴らして祝ったことから、この日が「Bonfire Night」または「Guy Fawkes Day」と呼ばれるようになったのです。

　現在は地域単位で行うことが多く、広場に大きな篝火を焚き、その大きな炎で温まりながら、夜空に上がる打ち上げ花火を楽しみます。子どもたちは屋台のToffee apple（りんご飴）やCandy floss（わた飴）を買ってもらってご機嫌。時には移動遊園地が来ることもあるので、子どもたちにとってはかなり楽しみな初冬のイベントです。

Remember, remember the fifth of November,

Gunpowder treason and plot,

I see no reason why gunpowder treason

Should ever be forgot.

Guy Fawkes, Guy Fawkes, t'was his intent

To blow up the King and Parliament

· · · · ·

覚えておいて 覚えておいて 11月5日のことを

火薬陰謀事件のことを

あの反逆事件を

忘れていいわけがない

ガイフォークス ガイフォークス 彼の目的は

王と議事堂を吹き飛ばすこと · · · · ·

イギリスのナーサリーライムより

Thor Cake

ソーケーキ

ソーケーキ

Thor Cake

 噛むほどに味わい深い、
オレンジピール入りのフラップジャックのよう

　ダービーシャー、ヨークシャー、ランカシャー辺りに古くから伝わるジンジャーブレッドで、「Thar cake」「Tharf cake」とも呼ばれていました。このTharf cakeという語は、古英語でパン種を入れない平たいパンという意味を持ち、古いレシピになると、グリドルで焼く平たいビスケットのようなものも見られます。

　秋の収穫祭やAllhallowtide（P55）に食べられていたものが、パーキン同様、次第に同じ季節のガイフォークスデイ（P50）のお菓子と認識されるようになりました。Bradwellはじめ、地域によっては11月5日、ご近所や親戚で集まりケーキを一緒に食べる「Tharf cake joining」という集まりもあったそうですが、今ではもうこのジンジャーブレッド自体が消えつつあります。

　ここではオーツ100％で作る、アリソンアトリー（P127）が子どものころ食べていたというレシピをご紹介します。

Recipe 〈18cm角型 1台分〉

オートミール		225 g
A	きび砂糖	110 g
	ジンジャーパウダー	小さじ 2
	シナモン	小さじ 1/4
	ナツメグ	小さじ 1/4
	塩	ひとつまみ
	ベーキングパウダー	小さじ 1
B	無塩バター	110 g
	ブラックトリークル	55 g
C	ミックスピール（みじん切り）	60 g
	卵	1/2 個分

下準備　オーブン余熱 170℃
型にオーブンペーパーを敷く

❶ B を鍋に入れ、弱火にかけてバターを溶かし、冷ましておきます。

❷ オートミールをフードプロセッサーにかけて細かく砕きます。ボールにあけ、A を全て加えてざっと混ぜ合わせます。

❸ ②のボールに①と C を加え、全体がしっとりするまでゴムベラで混ぜ合わせます。型に入れて平らにならし、170℃のオーブンで 40 分ほど焼きます。

Tip 完全に冷めたら、涼しいところに密閉保存し、3 日目からが食べごろです。

Harcake
ハーケーキ

ハーケーキ

Harcake

 ほろりと砕ける食感と素朴な甘さ、
昔の光景が浮かぶような伝統の味わい

　「Soul-mass cake」「Soul Hars cake」とも呼ばれるこれは、ランカシャー
で食べられてきたパーキン（P66）の一種。地域や家庭により様々なレシピ
はありますが、多く見られるのはオーツとたっぷりのゴールデンシロップに
加えて、ビールが入るタイプです。ここでご紹介するのは、小麦粉が入らず
オーツだけのレシピなので、もろく砕けるような食感。できるだけ細かくオー
ツを挽くことで、つながりがよくなります。

　元来ハーケーキは、Allhallowtide（オールハローウタイド）と呼ばれる10月31日から11月2日までの
3日間に食べられてきました。11月1日は聖人や殉教者を記念するAll Saints'
Day（万聖節）、その翌日の11月2日はAll Souls' Day（万霊節）という死者の
魂のために祈りを捧げる日。そしてご存知、10月31日はハロウィーンですが、
この語はAll Saints' Day（＝古英語でAll Hallows）の前夜、All Hallows'
Eve から生まれた語だといわれています。

Recipe 〈17×27cm 長方形型 1台分〉

オートミール		450 g
A	ジンジャーパウダー	大さじ 1
	無塩バター	55 g
ゴールデンシロップ		320 g
卵		1 個
ビール （あればブラウンエール）		200ml

下準備 オーブン余熱 160℃
型にオーブンペーパーを敷く

Tip 半量で作る際は、15cm 角の
型で、焼き時間は 55 分くらいに。完
全に冷めたら、密閉容器に入れて保
存し、3 日目からが食べごろです。

❶オートミールをフードプロセッサーにかけ、で
きるだけ細かく砕きます。ボールにあけて、A
を加え、バターを指先ですりつぶしてサラサ
ラの状態にします。

❷ゴールデンシロップを耐熱の器に入れてレン
ジにかけ、軽くゆるむ程度に温めます。これ
を①のボールに加え、卵とビールも加えたら、
ゴムベラで均一になるまでかき混ぜます。
20 分ほどそのまま置いておきます。

❸型に②を流し入れ、160℃のオーブンで 80
分ほど焼きます。

Market Drayton Gingerbread

マーケットドレイトンジンジャーブレッド

マーケットドレイトン
ジンジャーブレッド

Market Drayton Gingerbread

 スパイスやシトラスが香る、
優しい口当たりのビスケットタイプ

　イングランド西部、シュロプシャーにあるマーケットドレイトンは、「Home of Gingerbread」を謳う小さなマーケットタウン。昔から独特なジンジャーブレッドが作られてきたことで知られています。

　そのジンジャーブレッドは1800年代初頭にはすでに町の名物になっており、海外に輸出するほどに。いくつものベイカリーが各々秘伝のレシピでその味を競っていました。しかし世界大戦による食糧難の時代を境にほとんどの店は消え、現在そのジンジャーブレッドを作り続けているのは 1 軒のみ。

　1817年、Mr.ThomasによりChurch streetに創業されたBillington's（ビリントン）は、代々その秘伝のレシピと手法を守り続けて早200年。二晩寝かせるという生地を、星口金の付いた鉄製の絞り機でぎゅっと天板に押し出してオーブンへ、隣同士くっついた状態で焼きあがるそれを、長さ 8 cm程度にカットします。5本つながった板状で売られているので、自分でパキンと折りとるのも楽しみのひとつです。

　このジンジャーブレッド、食べ方も他とは少々異なります。スパイスの効いたカリッと歯ごたえのあるジンジャーブレッドを、紅茶ではなくポートワインに浸していただくというのです。昔から、それが地元の農家の奥様たちの間で人気の食べ方だったというのだから、なんともおしゃれ。確かにこの形なら、口の細いグラスにも無理なく浸せます。

よーく見ると、案内版にもしっかりジンジャーブレッドマンが

Billngton'sのものは、パッケージによるとミックススパイスにラム酒入り。詳細はもちろん秘伝なので分かりませんが、昔からこの辺りで作られてきたホームメイドバージョンなら、いくつかの古いレシピ本に見つけることができます。

今回ご紹介するのは1930年代のもので、ブランデーとミックスピール入り。こちらはポートやシェリー酒はもちろん、ミルクティーに浸して食べたくなるような、そんな優しい味わいのジンジャーブレッドです。

Recipe〈約25本分〉

薄力粉		340 g
無塩バター		110 g
A	グラニュー糖	110 g
	ジンジャーパウダー	大さじ1
	メース（またはナツメグ）	ひとつまみ
	ミックスピール（みじん切り）	15 g
B	卵	1個
	ゴールデンシロップ	110 g
	ブランデー	小さじ1½
打ち粉		適量

下準備 オーブン余熱160℃
天板にオーブンペーパーを敷く

❶薄力粉とバターをボールに入れ、指先でバターをすりつぶすようにしながら、サラサラのパン粉状にします。Aを加えてざっと混ぜ合わせます。

❷Bを混ぜ合わせてから①に回し入れ、ゴムベラなどで混ぜてひとつにまとめます。ラップに包み、冷蔵庫で一晩寝かせます。

❸②の生地を25個に分けて（ひとつ約30 g）、必要なら打ち粉を使いながら、長さ10cmくらいの棒状に形作ります。天板に並べ、160℃のオーブンで20分ほど焼きます。

1. マーケットドレイトンの町の様子　2. Billington'sのジンジャーブレッド　3.4. 1817 〜 1937年まで、Billington'sのお店があった場所。今はまたここでも買うことができるようになりました

Gingerbread Buns

ジンジャーブレッドバンズ

ジンジャーブレッドバンズ
Gingerbread Buns

 気軽に作れる
しっとり美味しいケーキタイプ

　Bunsとは、イギリスで小型のパンを指す言葉です。この場合は小さく焼いたジンジャーブレッドのこと。Bun tinと呼ばれる型で短時間で焼かれるそれは、柔らかく食べやすい食感です。配合自体は、日を置くとしっとりするタイプなので翌日からが食べごろですが、思わず焼き立てを頬張りたくなる可愛らしさ。

　「嵐が丘」や「ジェイン・エア」で有名なブロンテ姉妹が生まれたヨークシャーの小さな村、Haworth（ハワース）のベイカリーでは、大人の顔ほどもあるヨークシャーパーキンはじめ、いくつもの種類のジンジャーブレッドが並んでいました。中でも、そこで売られていた小さくしっとりとしたジンジャーバンが非常に美味しく、ここではそれに近い食感のレシピをご紹介します。

Recipe 〈直径6cm タルトレット型×12 個分〉

A	薄力粉	110 g
	重曹	小さじ 1/4
	アーモンドパウダー	30 g
	ジンジャーパウダー	小さじ 1½
B	無塩バター	30 g
	グラニュー糖	30 g
	ブラックトリークル	50 g
	ゴールデンシロップ	50 g
卵		1 個

＜飾り用＞
皮むきアーモンド・スライスアーモンド・
ドレンチェリー など

下準備　オーブン余熱 160℃
　　　　型にバター（分量外）を塗る

❶ B を小鍋に入れ、弱火にかけます。全て溶けたら火から下ろして粗熱を取り、卵を溶いて混ぜておきます。

❷ ボールに A を合わせてふるい入れます。①を加え、ゴムベラで全体がなめらかになるまで混ぜます。

❸ 準備した型に流し入れ（型の 7 分目程度）、飾り用のアーモンドをのせます。160℃のオーブンで 15 分ほど焼き、粗熱が取れたら型からはずします。

Tip　しっとりとする翌日が食べごろです。型にバターを塗る代わりに、浅い紙のカップケーキ型を敷いても OK。

ヴィクトリア時代の面影を残すハワースには、今もブロンテ姉妹の小説の世界を求めて多くの人々が訪れます。

1. ハワースで買ったヨークシャーパーキン（ビスケットタイプ）とジンジャーブレッドバン　2. ブロンテ姉妹が眠るSt. Michael and All Angels教会　3. ブロンテ一家が暮らしていた牧師館はミュージアムに　4. ヴィクトリア時代の街並みが残るハワース

Yorkshire
Rhubarb
Gingerbread

ヨークシャールバーブ
ジンジャーブレッド

ヨークシャールバーブ
ジンジャーブレッド

Yorkshire Rhubarb Gingerbread

 生のルバーブをたっぷり焼き込む
フレッシュ感が珍しいジンジャーブレッド

　クランブルやフールの材料にと、人気のルバーブ。よく見かける露地もの
と、真冬にForcing shedと呼ばれる室で日光から遮断して育てる促成栽培の
ものがあります。闇の中、キャンドルの光で育てられる様は実に幻想的。色
は透けるようなピンク、柔らかく繊細な味わいです。特にウエストヨークシ
ャーのWakefield、Morley、Rothwellを結ぶルバーブトライアングルと呼ば
れるエリアのものが有名で、「Yorkshire Forced Rhubarb」としてPDO（保
護原産地呼称）にも指定されています。毎年2月、ウェイクフィールドで開
かれるルバーブフェスティバルは、ルバーブのパイやジャム、チーズにリキ
ュールなどのストールが所狭しと並ぶ、大盛況のイベントです。

Recipe〈容量2ℓ耐熱容器〉

無塩バター		110g
きび砂糖		110g
卵		2個
ブラックトリークル		110g
牛乳		大さじ4
A	薄力粉	225g
	ジンジャーパウダー	小さじ1
	ベーキングパウダー	小さじ1
	重曹	小さじ1/2
B	ルバーブ	300〜350g
	（1〜2cmにカット）	
	クリスタライズドジンジャー	50g
	（みじん切り）	

下準備 オーブン余熱170℃
バターと卵を室温に戻す
器にバター（分量外）を薄く塗る

❶ボールにバターを入れ、きび砂糖を加えてす
り混ぜます。卵を少しずつ加えながら更に混
ぜ、次にブラックトリークルも加えて混ぜます。

❷①にAを合わせてふるい入れ、牛乳も加え
て、ゴムベラで生地が均一になるまで混ぜ
合わせます。

❸器に②の半量を入れ、Bを散らします。残り
の生地を上にのせて表面をならします。170
℃のオーブンでまずは45分、上にアルミホ
イルをかぶせて更に30分ほど焼きます。食
べる直前に粉砂糖（分量外）をふって仕上
げましょう。

Tip 焼き立てに生クリームやカスタードをかけ
て、プディングとして食べても美味しいですが、
翌日のしっとり馴染んだころがまた格別です。

1. 暗闇で育つフォーストルバーブ　2. 露地栽培のルバーブとルバーブフォーサー　3. ウェイクフィールドのルバーブフェスティバル　4. お祭りで売られていたルバーブジンジャーケーキ　5. 早春を告げるフォーストルバーブ

Yorkshire Parkin

ヨークシャーパーキン

ヨークシャーパーキン

Yorkshire Parkin

 オーツの噛みごたえとトリークルの深い甘み、
今も愛される郷土の味

　パーキンといえば、ヨークシャーの人気のお土産品のひとつ。1年中食べられてはいますが、特にガイフォークスデイ（P50）に食べるものとして有名です。古くは1800年11月6日に書かれたワーズワースの妹ドロシーの日記にも、'I was baking bread, dinner, and parkins.' と登場します。ヨークシャーのWest Ridingでは11月第一日曜日を「Parkin Sunday」と、Riponでは11月1日を「Cake Night」と呼び、家族でパーキンを食べる習慣もあったそうです。

　パーキンにはブラックトリークルとオーツがたっぷり入るのですが、伝統的にはミディアムオーツ（P138）と呼ばれる中挽きのものを使い、独特の噛みごたえがあります。しっとり感と、オーツのもつホロッとした食感を同時に楽しめる、ユニークなジンジャーブレッドです。

Recipe 〈17×27cm 長方形型 1台分〉

A	薄力粉	225g
	重曹	小さじ1
	ジンジャーパウダー	小さじ2
	シナモン	小さじ1
	ミックススパイス	小さじ1
	塩	小さじ1/4
B	ブラウンシュガー	175g
	オートミール	115g
C	無塩バター	115g
	ブラックトリークル	115g
	ゴールデンシロップ	50g

牛乳　150ml　　卵　1個

下準備 オーブン余熱170℃
型にオーブンペーパーを敷く

❶ Cを小鍋に入れて火にかけ、バターが溶けたら火からおろします。牛乳を加え、粗熱が取れたら卵を加えて混ぜ合わせます。

❷ Aを合わせてボールにふるい入れ、Bも加えてざっと混ぜます。ここに①を流し入れて、ホイッパーでムラなく混ぜ合わせます。

❸ 型に生地を流し入れ、170℃のオーブンで45分ほど焼きます。

Tip 涼しいところで密閉保存し、翌日以降が食べごろです。オートミールを軽くフードプロセッサーで砕いて使うと、食べやすい食感に。

ヒースが紅葉しオレンジ色に
染まる秋もまた、見事な光景
が広がります。

1. 8月、ヨークシャーの荒涼としたムーアがヒースの花で紫に　2. ヨークシャーの中心都市、Yorkに
そびえるヨークミンスター　3.4. パッチワークのように広がるヨークシャーの大地とその主の羊たち

Parkin Biscuits

パーキンビスケット

パーキンビスケット

Parkin Biscuits

Around here

オーツの香ばしさが香る、
柔らかなケーキのようなビスケット

　イングランド北部で、地域ごとにたくさんバリエーションのあるパーキン。オーブンができる前は、主にグリドルと呼ばれる平たい鉄板で焼かれていました。ビスケットのように固い生地の場合もあれば、パンケーキのようにゆるい生地の場合もありましたが、いずれにしても、必ず入るのはオーツとトリークル。のちにオーブンが家庭に普及するようになってからは、その生地を天板にのせてオーブンで焼くようになります。

　お土産品として売られているものは堅いビスケットタイプが多いのですが、ここでご紹介するのはより家庭的な、ゆるい生地を天板に落として焼くソフトなタイプです。焼き上がりの表面はさっくりしていますが、徐々に全体がソフトになっていきます。

Recipe〈約14個分〉

オートミール		110g
A	薄力粉	110g
	重曹	小さじ1/2
	グラニュー糖	110g
	ジンジャーパウダー	小さじ1
無塩バター		55g
B	卵	1個
	ゴールデンシロップ	大さじ1
牛乳		大さじ4
皮むきアーモンド		14個

下準備 オーブン余熱160℃
天板にオーブンペーパーを敷く

❶オートミールをフードプロセッサーにかけて細かく砕き、ボールに入れ、Aを全て加えます。バターを加え、指先を使って全体がサラサラのパン粉状になるまで粉とバターをすり合わせます。

❷Bを混ぜ合わせて①に加え、牛乳も加えてゴムベラで混ぜ合わせます。

❸大体14個になるよう、天板に大さじ山盛り1杯くらいずつ生地を置きます。水で濡らしたフォークなどで軽く円形に形を整え、アーモンドを1粒中央に置きます。160℃のオーブンで18分ほど焼きます。広がるので間隔をあけて生地を置きましょう。

1. パリッと堅いタイプのパーキンビスケット　2.3. トレイベイクタイプのパーキンビスケット作りの様子
4. 19世紀に入るとオーブンが家庭に普及　5. オーブンができる前は炉ですべての調理を行いました

Parkin Pigs

パーキンピッグ

パーキンピッグ

Parkin Pigs

 サクサク美味しい、大人も子どももきっと気に入る
キュートな豚さんビスケット

　ヨークシャー地方、特にKeighley、Bradford、Halifaxの３点を結ぶ辺りで
食べられてきて、この地方のボンファイアナイト（P50）には欠かせない味
だったというパーキンピッグ。パーキンと名は付きますが、これにはオーツ
は入りません。ジンジャー入りのショートブレッドのようなサクサクの生地
に、カランツの目をしたなんとも愛らしい豚さん型のビスケットです。これ
もまた、今ではほぼ作られていないというから残念な限り。

　ところでなぜこの形なのかといいますと、その昔、この地方ではボンファ
イアナイトのご馳走に豚やイノシシの丸焼きを作る風習があったのですが、
その余裕のない貧しい人々はこのパーキンピッグを焼いてその日を楽しんで
いたからだとか。ちょっぴり切なくも、ほのぼのとしたお話ですね。

Recipe 〈長さ9cmの豚型 約30枚分〉

A	薄力粉	225 g
	塩	ひとつまみ
	ジンジャーパウダー	大さじ1

きび砂糖	100 g
無塩バター	100 g
重曹	小さじ1

| B | 牛乳 | 大さじ2 |
| | ゴールデンシロップ | 小さじ2 |

| カランツ | 約30粒 |

下準備　オーブン余熱170℃
天板にオーブンペーパーを敷く

❶ Aを合わせてボールにふるい入れ、きび砂
糖を入れてざっと混ぜます。バターを加え、
指先でバターをすりつぶすようにしながら、サ
ラサラのパン粉状にします。

❷ Bを器に入れてレンジで軽く温め、重曹を
加えてかき混ぜます（重曹が泡立つので注
意）。①のボールに加えて軽く練り、生地を
まとめます。

❸ 必要に応じて打ち粉（分量外）をふって、
3mmほどの厚さにめん棒で伸ばします。型
で抜いて天板に並べ、カランツで目をつけま
す。170℃のオーブンで13分ほど焼きます。

Fair について

　Fairの語源は、ラテン語で休みを意味する「feria」。ローマ時代は、労働の休息期を意味していました。それがいつしか、キリスト教の祝祭日（特に聖人の記念日の典礼）に商人が集まり、露天を開くようになったため、それ自体をフェアと呼ぶようになりました。毎年開かれるフェアの中でも特に、この宗教行事に端を発するものは「wake」と呼ばれ、後のCharter Fair（国王の特許状により認定された市）に発展し、フェアは商取引の中心となっていきます。そして乳製品や農作物などを扱う、毎週決まった曜日に開催されるものが「Market」、家畜や織物、工芸品など高価なものを扱う年に一度の市が「Fair」と区別されるように。16世紀になるころにはイングランドだけでも、2,500近いマーケットと、2,700を超えるフェアが存在しました。このマーケットやフェアを開くことを許された街は、今もマーケットタウンと呼ばれています。

　中でも有名なのは、今なお続く10月初めのNottingham Goose Fair。12世紀に始まったというこの市はその名のとおり、元はガチョウ市でした。周辺のリンカーンシャーやノーフォークから２万羽ものガチョウが集まったそうです。サイモン&ガーファンクルが歌い、世界的に知られるようになったScarborough Fairは、ヨークシャーの東海岸にある街、スカーバラで13世紀頃から毎年8月に開催されていた市。周辺諸国からもワインや絹、宝飾品、スパイスなどを携えた商人たちが集う大規模なものだったのだとか。

　フェアで扱うのは商品だけではありません。毎年10月、農作物の収穫を終える時期になると開かれるのがHiring Fair、またはMop Fairと呼ばれるものです。当時の雇用制度は１年単位、人々は翌年の職を求め、雇用主は使用人を探しにこの市に集まりました。目印として、農夫は鍬を、羊飼いはcrook（先の曲がった杖）を、特に技術を持たない使用人はモップ（襟にタッセルをつける場合も）を持っていたため、この名がついたのです。

　18〜19世紀になると、雇用制度や商取引のスタイルの変化に伴い、次第にフェアは衰退するものの、フェアの大事な要素であった屋台や見世物、ゲームや遊具をメインとした楽しいお祭りFunfair（移動遊園地）として、その名を今に残しています。ヨークシャー東海岸のHullで開かれる大規模なHull Fair、オックス

フォードのSt. Giles Fair、Stratford upon AvonのMop Fairなどがその一例です。屋台に並ぶジンジャーブレッドは、中世の時代からどの地方のフェアでも欠かせない存在。今でこそ、その多くは姿を消してしまいましたが、フェアは伝統の味を伝える大切な場だったのです。

Are you going to Scarborough Fair?
（あなたはスカーバラフェアに行くのですか?）

Parsley, sage, rosemary and thyme
（パセリ、セージ、ローズマリー、タイム）

Remember me to one who lives there
（そこに住むある人によろしく伝えてほしいのです）

For once she was a true love of mine
（かつて私の恋人だったその人に）

Have her make me a cambric shirt
（彼女に麻のシャツを作るよう伝えてください）

Parsley, sage, rosemary and thyme
（パセリ、セージ、ローズマリー、タイム）

Without a seam or fine needle work
　（縫い目も細かな針仕事もなしに）

And then she'll be a true of mine.
　（そうすれば彼女は私の恋人になれると）

Have her wash it in yonder dry well
　（彼女にそれを枯れた井戸で洗うよう伝えてください）

Parsley, sage, rosemary and thyme
　（パセリ、セージ、ローズマリー、タイム）

Where ne'er a drop of water e'er fel
　（一滴の水も雨も降らないその場所で）

And then she'll be a true love of mine.
　（そうすれば彼女は私の恋人に）

・・・・

イギリスのバラッドより

Whitby Gingerbread

ウィットビージンジャーブレッド

ウィットビー ジンジャーブレッド

Whitby Gingerbread

 チーズを添えて頂きたい、
しっとり食べやすいケーキタイプ

　ノースヨークシャーの北海に面するWhitbyは、夏になると大勢の観光客でにぎわう港町。その歴史は古く、657年に建立されたというWhitby Abbeyの廃墟が今も街を見下ろしています。

　さて、この街に1700年代から伝わるというジンジャーブレッドは少々独特。「Whitby block gingerbread」とも呼ばれるそれは、昔は 4 lb（ 1 lb＝453g）の塊で焼かれ、そのあと 4 つのブロックにカットされていたとか。ケーキというよりは堅いビスケットのような、ブロックジンジャーブレッドでした。オーブンから出してすぐはレンガのように堅いので、しばし湿度の高い部屋におき、幾分柔かくなったところを食べるものだったそうです。

　かつてはスコットランドの港町、Dundeeはじめイギリス中で作られていましたが、ここウィットビーのものが特に有名で、1800年代には国中に名を馳せていました。コリアンダーやシトラスピールなどで風味付けされたそれは、表面に木型を使って紋章や手の込んだ模様が施されることも多く、クリスマスやフェア（P74）の際に、またこの港から出る船の長い航海のお供としても、欠かせないものでした。しかし、フェアの衰退や食文化の変化と共に、ブロックジンジャーブレッドも次第に姿を消してしまいました。当時の精巧な木製のジンジャーブ

キャプテン・クックが航海術を学んだウィットビー

77

レッドモールドはWhitby museum（ウィットビー　ミュージアム）で見ることができます。

　現在は1865年創業のElizabeth Botham's & Sons社が、このブロックジンジャーブレッドの流れを汲んだ「Whitby heritage gingerbread loaf」（ウィットビー　ヘリテージ　ジンジャーブレッド　ローフ）を作り続けています。これは普通のケーキと比べればドライな食感ではあるものの、食べやすい堅さの美味しいジンジャーブレッド。Botham'sは町で有名な老舗ベイカリーで、2階は落ち着いたティールームになっています。ここでこのジンジャーブレッドをオーダーすると、おすすめの食べ方である、ウエンズリーデイルチーズとバターが添えられてきます。ヨークシャーではよく、フルーツケーキにこのチーズを添えていただきますが、ジンジャーの効いたケーキとも好相性です。

　もちろんお店のレシピは門外不出。そこで、ここではウィットビーの家庭で作られてきた、しっとり美味しいウィットビージンジャーブレッドをご紹介します。これにもまた、ウエンズリーデイルチーズのような優しい味のチーズがぴったりです。でもやっぱり堅いブロックジンジャーブレッドのお味も試してみたいという際は、P118 でご紹介している「ワーズワースのジンジャーブレッド」がそれに近いのでお試しを。

Recipe 〈2lb ローフ型 1 台分　約 21 × 11 × 高さ6cm〉

A	薄力粉	185 g
	ベーキングパウダー	小さじ 1
	重曹	小さじ 1/3
	ジンジャーパウダー	小さじ 1½
	シナモン	小さじ 1/3
B	無塩バター	70 g
	きび砂糖	80 g
	ゴールデンシロップ	80 g
	ブラックトリークル	大さじ 1
C	バターミルク※	120ml
	卵	1 個

下準備　オーブン余熱 160℃
　　　　型にオーブンペーパーを敷く

※ プレーンヨーグルト 80g ＋水 40g
　 で代用可

❶ B を小鍋に入れて中火にかけ、バターと砂糖が溶けるまで混ぜながら加熱します。火から下ろし、粗熱が取れたら、C を混ぜ合わせておきます。

❷ A を全て合わせてボールにふるい入れます。①を流し入れ、ホイッパーでムラなく混ぜ合わせます。

❸ 型に流し入れ 160℃のオーブンで 50 分ほど焼き、粗熱が取れたら型から出して冷まします。

Tip　涼しいところで密閉保存し、翌日以降が食べごろです。

1. 地元に愛されるウィットビーの老舗ティールーム&ベーカリー Botham's　2. ブラム・ストーカーの小説「ドラキュラ」を生んだウィットビーアビー　3. ウィットビーミュージアムに飾られている、ブロックジンジャーブレッドの木型と模型　4. チーズとバターを添えていただくBotham'sのジンジャーブレッド

Grasmere
Gingerbread

グラスミアジンジャーブレッド

グラスミア
ジンジャーブレッド

Grasmere Gingerbread

**堅くかつもろい独特の食感と、
しっかり効いたジンジャーが癖になる味わい**

　イギリス北西部、深い緑の中に点在する湖、自然と人間が美しく共存する湖水地方は、昔から多くの人々を惹きつけてきました。イギリス・ロマン主義を代表する詩人ワーズワース（1770-1850）はこの地で生まれ育ち、1799年より、GrasmereのDove Cottageに居を構えます。

　ワーズワースと共に、この湖水地方の小さな村グラスミアを有名にしているのがSarah Nelson'sの「グラスミアジンジャーブレッド」。薄い板状の独特の形状で、しっかりとしたジンジャーの風味と歯ごたえは、紅茶にぴったりです。ワーズワースも眠るSt. Oswald教会に隣接するショップは、昔ワーズワースが教鞭をとった学校だったという建物。数人入ればいっぱいになってしまうほど小さなお店ですが、毎日焼きたてのジンジャーブレッドを求めて行列ができています。

　このジンジャーブレッドの生みの親、セーラ・ネルソンが家の前に置いた小さなテーブルでジンジャーブレッドを売り始めたのは1854年のこと。それは村人や旅人にたちまち人気になったそうです。今も受け継がれているそのレシピはトップシークレット。もともとは様々な種類のあったグラスミアのジンジャーブレッドですが、現在「Grasmere gingerbread」の名で販売することができるのは、ここセーラネルソンズジンジャーブレッドショップのみです。

　ところでグラスミアではその昔、ジンジャーブレッドは別名「Rush bearer's cake」と呼ばれていました。ラッシュベアラーとは、床のイグサを運んでくれる人のこと。当時の教会の床は土がむき出しのまま、その上に香りの良いイグサを敷いているだけだったのです。前述のSt. Oswald教会では19世紀半ばまで、彼らへ給金の代わりとしてジンジャーブレッドを渡してい

たそうです。この風習は教会の床が石に敷きかえられると消えてしまいましたが、現在も毎年夏に行われる「Rushbearing」のお祭りの際には、「Rush Maidens」と呼ばれるイグサ色のドレスを身にまとった6人の少女がイグサをのせた布を広げて村を行進し、教会もイグサと花で飾られます。そしてやはり礼拝のあとには、ジンジャーブレッドが振る舞われるのだとか。

Whitehavenなど、当時貿易で栄えた港も近いグラスミア。西インド諸島の国々から運ばれてくる褐色の砂糖にスパイス、そしてこの辺りで採れるオーツを使い作られたグラスミアのジンジャーブレッドは、村の生活に深く根付いたお菓子なのです。

Recipe 〈17×27cm 長方形型 1 台分〉

A	全粒粉	75 g
	薄力粉	75 g
	オートミール	20 g
	ブラウンシュガー	70 g
	ベーキングパウダー	小さじ 1/4
	ジンジャーパウダー	小さじ 1½

無塩バター　　　　　　　70 g
クリスタライズドジンジャー 15 g

下準備　オーブン余熱 170℃
　　　　型にオーブンペーパーを敷く

❶ A を全てフードプロセッサーに入れ、オートミールが細かくなる程度に回します。バターを加え、全体がサラサラの状態になるまで再度回します。

❷①のうち大さじ 3 ほど別の器に取り分けます。クリスタライズドジンジャーを①のフードプロセッサーに加えて、全体が握るとまとまるようになるまでさらに回します。

❸型に②を入れて均等にならし、カードなどを使ってぎゅっと押しながら平らにします。取り分けておいた生地を上に散らして 170℃のオーブンで 25 分ほど焼きます。オーブンから取り出して、まだ温かいうちに型の中で好みのサイズに切り目を入れます。完全に冷めてから型から取り出し、線に沿って割ります。

1. 湖水地方の人気者、ハードウィック種の羊さん　2.3. Sarah Nelson'sジンジャーブレッドショップと
グラスミアジンジャーブレッド　4. St. Oswald教会隣接の墓地にはワーズワースも眠っています
5. グラスミアの湖水地方らしいカンブリアストーンの家並み

Kendal Gingerbread Cakes

ケンダルジンジャーブレッドケーキ

ケンダル ジンジャーブレッドケーキ

Kendal Gingerbread Cakes

 ジンジャーとオレンジピール入りの
サクッと軽いショートブレッドのよう

　湖水地方の古いマーケットタウン、ケンダル。湖水煌めく賑やかな Windermere や、ピーターラビットが待つ Near Sawrey などに比べると観光客も少なめで、ゆっくり散策を楽しむことができます。街の名は、Kent川と古ノルド語で谷を意味する dalr が由来。そのケント川を挟んだ丘の上からは、12世紀建造のケンダル城跡が、濃いグレーのライムストーンの街並みを静かに見下ろしています。

　ケンダルといえば、ハッカ糖のようなケンダルミントケーキが有名ですが、このケンダルジンジャーブレッドはサクサクのショートブレッドのように軽いものです。そのままでも十分ですが、アイシングをかけたりジャムをサンドすることもあったそう。昔のレシピ本の中に閉じ込めておくにはもったいない美味しさです。

Recipe 〈約20個分〉

無塩バター	100 g
グラニュー糖	50 g
塩	ひとつまみ
卵黄	1 個分

A	薄力粉	75 g
	上新粉	75 g
	ジンジャーパウダー	小さじ1

ミックスピール（みじん切り） 30 g

＜仕上げ用＞お好みで
粉砂糖・クリスタライズドジンジャー

下準備　オーブン余熱 160℃
バターを室温に戻す
天板にオーブンペーパーを敷く

❶ ボールにバターを入れてゴムベラで軽く練り、グラニュー糖と塩を加えてすり混ぜます。卵黄も加えて混ぜ合わせます。

❷ ①にAを合わせてふるい入れ、ミックスピールも加え、ゴムベラで混ぜて生地をひとつにまとめます。ラップで包み冷蔵庫で30分ほど冷やします。

❸ 打ち粉（分量外）をした台、あるいはビニールの間などに②の生地を取り出し、厚さ5mmに伸ばします。ナイフで3×7cmくらいの長方形にカットして天板に移します。160℃のオーブンで20分ほど焼き、天板のまま冷まします。

Tip アイシングするときは、粉砂糖 50 gに水小さじ 2 弱（レモン果汁でも OK）を加えて固めに練ったものを薄く塗り、好みでクリスタライズドジンジャーをのせて固まるまでおいておきます。

1. ケンダルの老舗ティールーム「Farrer's」　2. ケンダル名物の「ケンダルミントケーキ」　3. ケント川にかかる1818年建造のMiller橋　4. ケンダルのタウンホールと街並み

Chapter
3
Wales &
Northern Ireland

〜地方のジンジャーブレッド　ウェールズ & 北アイルランド〜

ウェールズと北アイルランドの
地域色豊かで
伝統的なジンジャーブレッドたち

Honey
Gingerbread
ハニージンジャーブレッド

ハニージンジャーブレッド

Honey Gingerbread

 **蜂蜜たっぷりの、
驚くほどしっとりとした優しい味わいのケーキ**

グレートブリテン島の南西部、アイリッシュ海に面したウェールズ。険しい海岸線には多くの城跡が残り、緑深い内陸部を行けば、人間の3倍以上もいるという羊たちがのんびり草を食んでいます。人口の多くはカーディフを中心とした都市部に集中しているため、手付かずの自然が多く残り、国土の1/4が国立公園か特別自然美観地域に指定されています。

1536年にイングランドに併合されてからも、独自のケルト文化とウェールズ語を大切に守り、公用語は今も英語とウェールズ語。このお菓子は、ウェールズ語だと「Bara mel sinsir」と呼びます。Bara sinsirはジンジャーブレッド、melは蜂蜜を意味します。古いお菓子も多く残るウェールズ。これは、砂糖が手に入るようになる以前、蜂蜜が甘味料として用いられていたころの名残を残すジンジャーブレッド。トリークル同様、保湿力の高い蜂蜜の生み出す、どこまでもしっとりとした食感が魅力です。

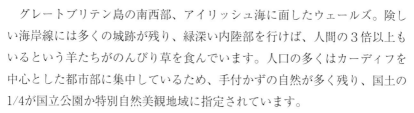

Recipe 〈17×27cm 長方形型 1 台分〉

A	薄力粉	200 g
	ベーキングパウダー	小さじ 1½
	重曹	小さじ 1/8
	ジンジャーパウダー	小さじ 1/4
	シナモン	小さじ 1/4
	ナツメグ	小さじ 1/4
きび砂糖		80 g
B	はちみつ	160 g
	水	125ml
	無塩バター	140 g

下準備 オーブン余熱 160℃
型にオーブンペーパーを敷く

❶ B を小鍋に入れて中火にかけ、バターが溶ける程度に加熱し、冷ましておきます。

❷ A を全て合わせてボールにふるい入れ、きび砂糖も加えてざっと混ぜ合わせます。

❸ ①を②のボールに流し入れて、ホイッパーでムラなく混ぜ合わせます。型に流し入れ 160℃のオーブンで 45 分ほど焼きます。

Tip 冷めたら涼しいところで密閉保存し、翌日以降が食べごろです。

ハニージンジャーブレッド

1.2. カーディフ城とその衛兵さんたち　3.4. 道路標識や看板にもウェールズ語が　5. 緑豊かなウェールズ

90　ウェールズ & 北アイルランド

Old Welsh Gingerbread

オールドウェルッシュジンジャーブレッド

オールドウェルッシュ ジンジャーブレッド

Old Welsh Gingerbread

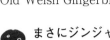

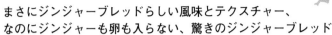

まさにジンジャーブレッドらしい風味とテクスチャー、
なのにジンジャーも卵も入らない、驚きのジンジャーブレッド

　面白いことに、多くの古いウェールズのジンジャーブレッドのレシピには
ジンジャーが含まれていません。これもまたそのひとつ。

　「Gingerbread」という言葉は、スパイスやトリークルの入った甘いお菓
子や、祭り事の際に食べられるケーキ全般を指し、必ずしもジンジャーが入
っているとは限らなかったようです。特にウェールズでは、Gŵyl Mabsant
と呼ばれる地域の守護聖人の記念日のために作られてきたそうですが、19世
紀末にはその祭事自体が廃れてしまい、古いタイプのジンジャーブレッドも
あまり目にすることがなくなってしまいました。

　今回のレシピに関しては、ジンジャーはおろかシナモンやクローブなど他
のスパイスも入らず、卵すらも入っていないのに、なぜかその味はジンジャ
ーブレッドそのもの。スパイスが苦手な方でも大丈夫ですよ。

Recipe 〈2lb ローフ型 1 台分　約 21 × 11 ×高さ 6cm〉

A	薄力粉	225 g
	ベーキングパウダー	小さじ 1½
無塩バター（1cm 角）		70 g
B	きび砂糖	115 g
	ミックスピール（みじん切り）	
		40 g
C	ブラックトリークル	115 g
	牛乳	100ml

下準備　オーブン余熱 160℃
型にオーブンペーパーを敷く

❶ C を小鍋に入れて中火にかけ、軽く温まっ
たら、火から下ろしておきます。

❷ A を合わせてボールにふるい入れます。バ
ターを加え、指先をこすり合わせるようにして、
サラサラのパン粉状にします。B を加えてざ
っと混ぜ合わせます。

❸ ②のボールに①を流し入れ、ホイッパーでム
ラなく混ぜ合わせます。型に流し入れ 160
℃のオーブンで 60 分ほど焼きます。

Tip 涼しいところで密閉保存し、しっとり馴
染んだ 2 日目からが食べごろです。

1. 国旗の赤いドラゴンはウェールズのシンボル　2.3. フェアで売られていたジンジャーブレッドとバラブリス、焼きたてのウェルッシュケーキ　4. その荒廃の美が人々を惹きつける、1131年設立の修道院ティンターンアビー跡　5. 13世紀、エドワード1世がウェールズ征服のために建てたコンウィ城

Irish Stout Gingerbread

アイリッシュスタウトジンジャーブレッド

アイリッシュスタウト
ジンジャーブレッド

Around here

Irish Stout Gingerbread

 ビールとスパイスの織り成す深いコク、
大量に入る水分で重みのある独特のテクスチャー

　アイルランド島北東部に位置する北アイルランドは、今もケルト文化を色濃く残す地域。19世紀にイギリスに併合されて以来、北アイルランドはイギリス（United Kingdom of Great Britain and Northern Ireland）の一部となっていますが、ウェールズやスコットランド同様に独自の言語を持ち、食文化にもやはり特徴があります。

　アイルランドといえばビールやソーダブレッドが有名ですが、中でもギネスビールを筆頭としたアイリッシュスタウト（黒ビール）は 世界中で愛飲されるほどファンが多くいます。近頃はロンドンのカフェなどで、ギネスビールを使ったケーキもよく見かけるようになりましたが、黒ビールを使ったジンジャーブレッドもなかなかの美味しさ。ソーダブレッドに欠かせないバターミルクも入り、そのしっとり感とほのかな苦みは癖になります。

Recipe 〈18cm 角型 1 台分〉

A	薄力粉	170 g
	重曹	小さじ 1/2
	ベーキングパウダー	小さじ 1/2
	ジンジャーパウダー	小さじ 1
	シナモン	小さじ 1
	クローブ	ひとつまみ
B	アイリッシュスタウト（黒ビール）	120ml
	ゴールデンシロップ	120 g
	無塩バター	75 g
	ブラウンシュガー	90 g
C	バターミルク※	60ml
	卵	1 個

下準備　オーブン余熱 170℃
型にオーブンペーパーを敷く

❶ B を鍋に入れて中火にかけ、バターと砂糖が溶けるまで混ぜながら加熱します。火からおろし、粗熱が取れたら、C を混ぜ合わせます。

❷ A を合わせてボールにふるい入れます。①を流し入れて、ホイッパーでムラなく混ぜ合わせます。

❸ 型に②を流し入れ、170℃のオーブンで 45分ほど焼きます。

Tip　水分の多いケーキなので、翌日以降は冷蔵庫で保存を。

※プレーンヨーグルト 40ml ＋水 20ml で代用可

Potato
Gingerbread

ポテトジンジャーブレッド

ポテトジンジャーブレッド

Potato Gingerbread

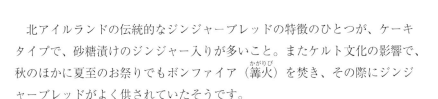

 クリスタライズドジンジャーの風味が効いた、
甘さ控えめの素朴感あふれるジンジャーブレッド

　北アイルランドの伝統的なジンジャーブレッドの特徴のひとつが、ケーキ
タイプで、砂糖漬けのジンジャー入りが多いこと。またケルト文化の影響で、
秋のほかに夏至のお祭りでもボンファイア（篝火 (かがりび)）を焚き、その際にジンジ
ャーブレッドがよく供されていたそうです。

　ここでご紹介するのは、砂糖漬けのジンジャーに加えてアイルランドの主
食のひとつでもあるじゃが芋入りの、今となっては珍しいもの。世界大戦に
よる食糧難時代のイングランドで見られたケーキにも似ています。お砂糖も
入らず、卵もひとつ。そしてじゃが芋入り。リッチなケーキに溢れる現代、
たまにはこんな滋味深い味わいもいいものです。

Recipe 〈18cm 角型 1 台分〉

A	薄力粉	150 g
	ベーキングパウダー	小さじ 1
	重曹	小さじ 1/2
	ジンジャーパウダー	小さじ 2
	ミックススパイス	小さじ 1/2
B	じゃが芋（皮をむく）	110 g
	サルタナ	50 g
	クリスタライズドジンジャー（みじん切り）	50 g
C	無塩バター	50 g
	ブラックトリークル	110 g
	牛乳	大さじ 2
	卵	1 個

下準備　オーブン余熱 160℃
型にオーブンペーパーを敷く

❶ C を小鍋に入れて中火にかけ、バターが溶
けたら、火から下ろします。粗熱が取れたら
牛乳と卵を加えておきます。

❷ A を全て合わせてボールにふるい入れます。
じゃが芋をグレーター（チーズおろし）で細
い千切り状になるようおろして加え、残りの
B の材料も加えてざっと混ぜ合わせます。

❸ ②に①を流し入れて、ゴムベラでよく混ぜ合
わせます。型に流し入れ 160℃のオーブン
で 45 分ほど焼きます。

Tip　涼しいところで密閉保存し、翌日からが
食べごろです。じゃが芋は火が通りやすいよう
極細切りにしましょう。

Chapter
4
Scotland

〜地方のジンジャーブレッド　スコットランド〜

エディンバラからオークニー諸島まで
各地域に伝わる
それぞれに全く味わいの異なる
ジンジャーブレッドたち

Edinburgh Gingerbread

エディンバラジンジャーブレッド

エディンバラ
ジンジャーブレッド

Edinburgh Gingerbread

 強めのスパイスにナッツの食感、
奥行きのある深い味わいのケーキ

　グレートブリテン島の北部1/3と、900以上ある島々からなるスコットランド。北部は高い山々がそびえるHighlands、西の沿岸部は氷河期の浸食で複雑に入り組み、沢山の島が浮かんでいます。南部のLowlandsには、イングランドとの国境地帯のBoaders、中部のCentral Beltと呼ばれるエリアがあり、ここでは首都のエディンバラとグラスゴーの二大都市が、経済の中心を担っています。

　ショートブレッドやスコーンの躍進とは裏腹に、風前の灯のようなスコットランドのジンジャーブレッドですが、実は興味深いものが多数あります。クローブの効いたこのジンジャーブレッドは、エディンバラの街のようにシックで趣きのある大人の味わい。紅茶だけでなく、ウィスキーのお供にもいかがでしょう。

Recipe 〈2lb ロール型 1 台分　約21×11×高さ6cm〉

A	薄力粉	225 g
	重曹	小さじ 1
	ジンジャーパウダー	小さじ 2
	シナモン・クローブ	各小さじ 1/2
B	サルタナ	60 g
	ダイスアーモンド	60 g
C	無塩バター	110 g
	ブラックトリークル	110 g
	きび砂糖	60 g
	卵	2 個

下準備　オーブン余熱 160℃
型にオーブンペーパーを敷く

❶ C を小鍋に入れて中火にかけ、バターと砂糖が溶けたら火から下ろします。粗熱が取れたら卵を混ぜ合わせておきます。

❷ A を全て合わせてボールにふるい入れ、B を加えてざっと混ぜます。

❸ ①を②のボールに流し入れ、ゴムベラでムラなく混ぜ合わせます。型に流し入れ 160℃のオーブンで 60 分ほど焼き、粗熱が取れたら型から出して冷まします。

Tip 涼しいところで密閉保存し、馴染んだ翌日以降が食べごろです。バターをたっぷり塗って召し上がれ。

1. 四方に睨みを利かせるように岩山にそびえるエディンバラ城　2.3. エディンバラ城の衛兵さんも、結婚式の参列者も、皆キルト姿　4. 街全体が世界遺産に登録されているエディンバラ

Scottish Perkins

スコティッシュパーキン

スコティッシュパーキン

Scottish Perkins

 噛み締めるほどに元気が出そうな
ゴールデンシロップとオーツたっぷりのビスケット

　パーキンといえば、ヨークシャーのオーツ入りケーキタイプ（P66）が有名ですが、スコットランドもまたオーツを主食としていた地域、ヨークシャーと同じく、オーツ入りのパーキンが存在します。

　ただし、スコットランドのパーキンはビスケット状のものが多く、綴りも「Perkin」と変化します。見た目は普通のオーツビスケットとさして変わらないようにも見えますが、食感はレシピによって、しっかり堅いものからソフトなものまで様々。また昔のものは柔らかめの生地を、直火にかけたグリドル（鉄板）で焼いていたため、オーツとトリークル入りのスコッチパンケーキのような姿をしていたそうです。寒いスコットランド、焼き立てにバターを塗って食べる熱々パーキンもかなり魅力的ですね。

Recipe 〈約24枚分〉

A	オートミール	125 g
	薄力粉	125 g
	重曹	小さじ 1
	ジンジャーパウダー	小さじ 1/2
	シナモン	小さじ 1/2
	ミックススパイス	小さじ 1/2
	グラニュー糖	90 g
無塩バター		60 g
ゴールデンシロップ		90 g
卵		1/2 個

下準備　オーブン余熱 160℃
天板にオーブンペーパーを敷く

Tip　工程②までフードプロセッサーで作ってもOK。

❶オートミールをフードプロセッサーで細かく砕き、Aの残りの材料と共にボールに入れ、ざっと混ぜ合わせます。バターを加え、指先を使ってバターと粉類をすり合わせます。

❷ゴールデンシロップを耐熱の器に入れて軽くレンジで温め、①に回し入れます。卵も加えて、ゴムベラで全体が馴染むまで混ぜ合わせます。

❸ひとつ 20g くらいずつに分けて手で丸め、天板に間隔を十分にあけて並べます。軽く手で押しつぶしてから、160℃のオーブンで15 〜 17 分ほど焼きます。完全に冷めたら天板から移しましょう。

1-5. ハイランド（スコットランド）の魅力は様々。雄大な景色にハイランドキャトル、スコッチウィスキー
にスコティッシュブレックファスト（写真はローンソーセージ、クルーティープディング、スライスハギス、ブ
ラックプディング）etc...

Parlies

パーリー

パーリー

Parlies

とにかく堅い、昔ながらのジンジャーブレッド
ひとくちサイズに割って召し上がれ

　四角い形と、しっかりとした堅さが特徴のジンジャーブレッド。飴のように　ゆっくりと、お酒と味わうために作られたというこの「パーリー」、生まれは18世紀後半です。エディンバラのPotterrowには、スコットランドの議会メンバーはじめ有名な銀行家や高官、著名な紳士たちのたまり場となっている、よろずや兼居酒屋がありました。この店の女主人Mrs. Flockhartが、スコッチやブランデーに添えて、訪れた客たちに供していたのがこのビスケット。彼らの間で非常に人気があったため、いつの間にか「parliament cakes（議会のケーキ）」、縮めて「Parlies」と呼ばれるようになったのだとか。

　その紳士たちの中にはSir Walter Scottのお父さんも含まれていたそうで、スコットの「Waverley」という小説にはフロックハート夫人が登場します。パーリーは読書をしながらいただくのにも良さそうですね。

Recipe 〈5×5cm　32枚分〉

A		
	薄力粉	225 g
	ブラウンシュガー	110 g
	ジンジャーパウダー	大さじ1

B		
	無塩バター	110 g
	ブラックトリークル	55 g
	ゴールデンシロップ	55 g

下準備　オーブン余熱 150℃
天板にオーブンペーパーを敷く

Tip　焼き上がりはソフトでも、冷めるとしっかりします。完全に冷めたらラインに沿って折りましょう。

❶ Bを小鍋に入れて中火にかけます。バターが溶けたら火からおろし、粗熱を取ります。

❷ Aを合わせてボールにふるい入れ、①を加えてゴムベラで粉っぽいところがなくなりひとかたまりになるまで混ぜ合わせます。ラップに包んで薄く平らにのばし、生地が冷えて扱いやすくなるまで室温で、急いでいるときは冷蔵庫に入れて冷やします。

❸ 生地を2つに分けて、それぞれめん棒で厚み4〜5mm（20cm角程度）に伸ばし、オーブンペーパーの上に移します。定規やカードなどを使い、5cm角の正方形に分かれるよう下まで押し切ります。150℃のオーブンで30〜35分ほど焼きます。

Fochabers
Gingerbread

フォッハバーズジンジャーブレッド

フォッハバーズ ジンジャーブレッド

Fochabers Gingerbread

 ビールとフルーツ、スパイスが混ざり合い、
熟成によって生まれるフルーツケーキのような味わい

　スコットランド北東部、Laich of Morayという肥沃な沿岸農業地帯に位置するフォッハバーズは、人口2,000人弱の小さな町。ゴードンキャッスルのお庭や、昔の暮らしぶりを伝えるフォークミュージアムを眺めるもよし、またBaxters（缶詰のスープや瓶詰のチャツネなどで有名な食品メーカー）の故郷なので、工場敷地内の1868年の創業当時の食料品店をイメージした可愛らしいミニミュージアムに立ち寄るのもおすすめです。

　傍らをスコッチウイスキーで有名なスペイ川が流れるフォッハバーズですが、このケーキの隠し味はなぜかビール。その所以は謎ですが、美味しさは明白。紅茶ともウィスキーとも合うその深い味わいを是非一度お試し下さい。

Recipe 〈18cm 角型 1 台分〉

無塩バター		110 g
ブラウンシュガー		55 g
卵		1 個
A	薄力粉	225 g
	重曹	小さじ 1/2
	アーモンドパウダー	30 g
	ジンジャーパウダー	小さじ 1½
	ミックススパイス	小さじ 1
	シナモン	小さじ 1/2
B	ブラックトリークル	110 g
	ビール	150ml
C	サルタナ	70 g
	カランツ	40 g
	ミックスピール	50 g

下準備 オーブン余熱 160℃
バターと卵を室温に戻す
型にオーブンペーパーを敷く

❶ B を鍋に入れ、弱火にかけて溶かし、粗熱を取っておきます。

❷ ボールにバターを入れて柔らかく練り、ブラウンシュガーを加えて白っぽくなるまですり混ぜます。卵も少しずつ加えて更によく混ぜます。

❸ A を合わせてふるったものと、①を交互に加えながら、ゴムベラで混ぜ合わせます。途中 C のフルーツも加え、全体がなめらかになるまでよく混ぜます。型に入れ、160℃のオーブンで 60 分ほど焼きます。

Tip 涼しいところで密閉保存し、翌日以降が食べごろです。

1. ウィスキー醸造には欠かせないピートが溶け込んだスペイ川の茶色の水　2.3. 昔のパッケージを眺めるのも楽しいバクスターズのハイランドヴィレッジ　4. スペイ川が行きつく先はマリー湾

Inverness Gingernuts

インヴァネスジンジャーナッツ

インヴァネス
ジンジャーナッツ

Inverness Gingernuts

 オーツの香ばしさと堅めの食感が癖になる、
おやつ向きのビスケット

　これもまた、スコットランドらしくオーツ入りのジンジャーブレッド。ス
パイスもかなり入りますが、たっぷり入るゴールデンシロップによるしっか
りとした堅さと香ばしさがそれを包み込むため、結果ほどよいバランスにな
っています。

　スコットランド北東部、Moray Firthに面したインヴァネスは、ハイラン
ド観光の中心都市です。今は裁判所として使われているインヴァネス城や、
St.Andrews大聖堂など歴史的建造物も多いなか、やはりこの地を世界的に
有名にしているのが Loch Nessでしょう。全長35kmという長さもさること
ながら、最深部は230mでグレートブリテン島一の貯水量。まるでネッシー
が本当にいるかのような雰囲気を漂わせています。ネス湖の畔にあるLoch
Ness Center & Exhibitionには今もロマンを求め、多くの人々が訪れます。

Recipe 〈約 30 枚分〉

オートミール		85 g
A	薄力粉	225 g
	重曹	小さじ 1/2
	ジンジャーパウダー	小さじ 2
	ミックススパイス	小さじ 1
グラニュー糖		85 g
B	無塩バター	85 g
	ゴールデンシロップ	165 g

下準備　オーブン余熱 170℃
天板にオーブンペーパーを敷く

❶ B を鍋に入れて弱火にかけ、バターが溶け
たら粗熱を取っておきます。

❷ オートミールをフードプロセッサーにかけて細
かく砕き、ボールにあけます。A の材料を合
わせて同じボールにふるい入れ、グラニュー
糖も加えてざっと混ぜます。

❸ ②に①を流し入れ、ゴムベラで均一になるま
で混ぜ合わせます。めん棒で 5mm 厚さに
伸ばし、直径 6cm の丸型で抜き、天板に
のせ、フォークで穴をあけます。170℃のオ
ーブンで 15 分ほど焼きます。

1. 霧に包まれるネス湖に突如現れるネッシー　2. 1969年ネッシー探索用に作られた潜水艦　3. ロンドンからインヴァネスへは夜行寝台列車で約11時間の旅　4. ハイランドの渓谷と湖は氷河期の名残。イングランドとは全く違う景色を楽しめます

Broonie

ブルーニー

ブルーニー

Broonie

 たっぷりのバターミルクとオーツが入った、
もろくもしっとりとした味わいは朝食にぴったり

Here

　スコットランド本土からPentland Firthを隔てた向こうに浮かぶ、70以上の島々から成るオークニー諸島。6,000年以上前から人類が生活していたというこの地には、先史時代の貴重な遺跡が多く残されているほか、9世紀のヴァイキングによる侵略や北欧による統治時代などを経て、北方民族の文化も織り込まれています。またパフィンやアザラシなど、多くの野生動物を間近に見ることのできる雄大な自然も、この地の魅力のひとつです。

　さて、この地で食べられてきたジンジャーブレッドは、色白でローフ型のブルーニー。その材料から彷彿とさせられるのは、この地に伝わるバノック（パンやスコーンの原型となったといわれている平焼きの種なしパンの一種）。語源であるBruniも、オークニーの言葉で「Thick bannock」を意味します。オークニー出身の著名な料理研究家、F. Marian McNeillが子どものころ食べていたというレシピは、シンプルで優しい美味しさです。

Recipe 〈2lb ローフ型 1 台分　約21 × 11 ×高さ6cm〉

オートミール	170 g
A　薄力粉	170 g
重曹	小さじ 3/4
ジンジャーパウダー	小さじ 1
無塩バター	55 g
きび砂糖	110 g
B　ブラックトリークル	大さじ 2
バターミルク※	270ml
卵	1 個

※プレーンヨーグルト 180ml ＋水 90ml
で代用可

下準備 オーブン余熱 170℃
型にオーブンペーパーを敷く

❶オートミールをフードプロセッサーにかけて細かく砕き、ボールにあけます。Aの材料を合わせて同じボールにふるい入れます。

❷①にバターを加え、指先をすり合わせるようにして、全体をサラサラのパン粉状にします。きび砂糖も加えてざっと混ぜ合わせます。

❸Bを混ぜ合わせ、②のボールに加えて、全体が均一な生地になるまでゴムベラで混ぜ合わせます。型に流し入れ、170℃オーブンで60分ほど焼きます。

Tip 涼しいところで密閉保存し、翌日からが食べごろです。

5

Family recipes

〜ファミリーレシピ〜

ワーズワースやアリソン・アトリーなど
この章では個人にまつわるジンジャーブレッドを集めてみました
地域性に加えて、時代、各家庭に代々受け継がれているレシピや
家族の好みなど様々な要素が加わり
皆それぞれにお気に入りのジンジャーブレッドがあります

Wordsworth's Gingerbread
ワーズワースの ジンジャーブレッド

ワーズワースの
ジンジャーブレッド

Wordsworth's Gingerbread

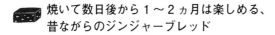

**焼いて数日後から1～2ヵ月は楽しめる、
昔ながらのジンジャーブレッド**

　湖水地方北西部の小さな町Cockermouthに生まれたWilliam Wordsworth（1770‐1850）。湖水地方の自然を愛し、賛美し、生涯詠い続けた、イギリスを代表するロマン派の詩人です。彼が「人類が見つけた最も美しい場所」と呼び、1799年から暮らした湖水地方のGrasmere。Dove cottageと呼ばれる彼の家は今もミュージアムとして開かれ、使い込まれたキッチンや家具に、当時の暮らしぶりを垣間見ることができます。

　彼と一緒に暮らしていた妹ドロシーの日記「Grasmere Journal」には時折、パーキン（P66）やジンジャーブレッドが登場します。例えば、1803年1月16日の日記には、寒いなか二人でジンジャーブレッドを買いに出掛けた様子が記されています。

　その日は二人が欲しかった分厚いジンジャーブレッドは売り切れていたため、他のジンジャーブレッドを買って帰ります。そして翌日、今度は自分たちでジンジャーブレッドを焼き始めるのですが、そこに前日ジンジャーブレッドを売ってくれたマシューさんが、厚いタイプのジンジャーブレッドを届けに来てくれる、という内容です。

　このダヴコテージにはウィリアムとドロシーのほかに、ウィリアムの妻のメアリーとその子どもたちが住んでいたのですが、メアリーの妹たちもまた、よく滞在していました。ここに残されているのが、ドロシーと比べ料理が得意だったというメアリーや、その妹ジョアンナの手書きのレシピ。

　中でも興味深いのはメアリーの、当時高級品だったジンジャーのシロップ煮の代用品「Artificial Ginger」のレシピと、ジョアンナのジンジャーブレッドです。レタスの伸びた茎と砂糖とジンジャーパウダーで作るという「生姜のシロップ煮もどき」も相当気になりますが、ここではジョアンナのジン

ジャーブレッドをご紹介します。

　これは当時、イングランド北部でよく作られていたブロックタイプのジンジャーブレッドで、焼いた当日は堅いものの数日置くと少し柔らかく食べやすくなるタイプです。薄くスライスして、チーズを添えて食べることが多かったそう。ケーキでもビスケットでもない、今のものとは全く違う質感のジンジャーブレッドです。そのぎっしりと詰まった食感は、どこか懐かしい味わい。あの日ウィリアムとドロシーが食べたかった厚いジンジャーブレッドも、きっとこんな感じだったのでしょう。

　ここでは作りやすいよう、全体量をオリジナルの1/8量にしています。またジョアンナのレシピでは、生地がボールにくっつかなくなるまでなんと最低1時間（！）混ぜるように書いてありますが、それはさすがに無理というもの。下のレシピにあるように、頑張って5分間混ぜるだけでも大丈夫。十分美味しく仕上がります。

　それにしても、この8倍量の生地を1時間とは、いやはや200年前の人々の、ジンジャーブレッドにかける熱意と体力に脱帽です。

Recipe 〈8×16cm ミニローフ型2台分〉

A	薄力粉	225 g
	きび砂糖	110 g
	ジンジャーパウダー	小さじ2
B	無塩バター	110 g
	ブラックトリークル	110 g
C	卵（溶いたもの）	大さじ1
	ブランデー	小さじ1

下準備　オーブン余熱150℃
型にオーブンペーパーを敷く

❶ Bを小鍋に入れて中火にかけ、バターが溶けるまで混ぜながら加熱します。粗熱が取れたらCを加えて混ぜ合わせます。

❷ Aを合わせてボールにふるい入れ、①を加えて木べらで5分ほどよく混ぜ合わせます。厚さ2.5cmくらいになるような型に入れ、150℃のオーブンで90～100分ほど焼きます。

Tip　焼き上がりは非常に堅いケーキです。オーブンペーパーなどで包み、涼しく少し湿気のある場所に保存し、3～5日経ち、少し柔らかくなってきてから、薄くスライスしてお召し上がりください。

Eliza Acton's
Acton Gingerbread

イライザ・アクトンの「アクトン ジンジャーブレッド」

イライザ・アクトンの「アクトンジンジャーブレッド」

Eliza Acton's Acton Gingerbread

 しっとりキメの細かいベルベットのような食感
丁寧に作る甲斐のある、アクトンさんご自慢のレシピ

　ヴィクトリア時代を代表する料理作家、Eliza Acton（1799－1859）。詩人として出発した彼女が、後世に残る料理本「Modern Cookery for Private Families」を世に出したのは1845年でした。

　この本の大きな功績は、それまではレシピ本といえばプロの料理人向けのものしかない時代に、ほぼ初めて一般の中流階級主婦を対象にしたこと。そして今では当たり前ですが、作り方とは別に独立して材料の分量表記をしたことでした。

　内容の充実ぶりは言わずもがな。魚ひとつとっても、ただレシピを並べるだけではなく、まずは新鮮な魚の選び方、さばき方、鮮度の保ち方、種類ごとの調理の仕方と続く懇切丁寧ぶり。すぐにベストセラーとなり、版を重ねたのも頷けます。また、それまでイギリスではプラムプディングと呼ばれていたものを、初めて「クリスマスプディング」と紹介したのも、この書においてといわれています。

　さて、この書に登場するジンジャーブレッドと名の付くレシピは5つ。「GOOD COMMON GINGERBREAD」「RICHER GINGERBREAD」は小麦粉に対して3/4量のトリークルが入る、しっかり堅いビスケットタイプ。「COCOA-NUT GINGERBREAD」は粉類に対して同量のトリークルやココナッツを加えた生地を天板に小さく落として焼く、ちょっと珍しいもの。「THICK, LIGHT GINGERBREAD」は重曹で膨らませるケーキタイプ。

　ここではもうひとつのケーキタイプで、本人が自信を持って「ACTON GINGERBREAD」と名付けたレシピを取り上げます。アクトンさんのアドヴァイスは、できる限り卵をよく泡立てること、ケーキが重くなるので溶か

しバターは熱くしすぎないこと、バターを加えるときは少しずつ木のスプーンでよく泡立てながら混ぜること。ここが成功のカギであり、よくできた生地はバターが表面に浮かず、混ぜ続けたことによる大きな泡が現れるはずだと……。それにしてもこの作業全てを手作業で、木のスプーンで行うとなると、とんでもない重労働。現代に暮らす非力な私たちは、ハンドミキサーの力を借りることにしましょう。

また、作りやすいよう分量をオリジナルの1/2量にし、より失敗が少ないよう砂糖を最初から卵に加えています。成功した暁には、卵の力だけで膨らませたからこその、きめ細かいビロードのような口当たりの極上のジンジャーブレッドに仕上がりますよ。焼いてから2日目、3日目と熟成による味わいの変化もお楽しみ下さい。

Recipe 〈21cm角形1台分〉

A	卵	2個
	きび砂糖	85 g
ブラックトリークル		280 g
B	薄力粉	225 g
	ジンジャーパウダー	大さじ1
	クローブ	小さじ1/2
無塩バター		85 g
レモンの皮（すりおろし）		1個分

下準備 オーブン余熱170℃
型にオーブンペーパーを敷く
バターを溶かしておく

❶ Aをボールに入れ、ハンドミキサーで白っぽく、かなりもったりするまで泡立てます。ブラックトリークルを少しずつ加えながら更に泡立てます。

❷ Bを合わせて数回に分けてふるい入れ、都度ゴムベラでやさしく混ぜ合わせます。

❸ レモンの皮を加え、溶かしバターも数回に分けて加えながら、ムラなく混ぜ合わせます。型に流し入れ、170℃のオーブンで40〜45分ほど焼きます。涼しいところに密閉保存、翌日からが食べごろです。

Tip 粉やバターを合わせる時は、卵の泡を消してしまわないよう優しく混ぜましょう。ブラックトリークル、溶かしバター共に、人肌程度に温めておくと、生地と混ざりやすくなります。

Mrs. Beeton's 'Thick Gingerbread'

ビートン夫人の「厚いジンジャーブレッド」

ビートン夫人の
「厚いジンジャーブレッド」

Mrs. Beeton's 'Thick Gingerbread'

 スパイス強めで、ややドライな食感
ひと手間かけて表面に艶をプラスします

　イギリスのヴィクトリア時代を代表する主婦といえば、Isabella Beeton（1836 - 1865）、通称ビートン夫人。彼女の家政書「Mrs Beeton's Book of Household Management（ビートン夫人の家政書）」(1861) は、今なお改訂版が出続ける超ロングセラーで、イギリスでは誰もが知る有名な女性です。そこに記されているのは、中産階級の主婦が家庭内で直面する多くの事柄、料理、掃除などの家事全般はもちろん、家計のやりくりや、女主人としての使用人への接し方、家庭医学や法律に至るまで多岐にわたります。

　彼女が出版業を営む夫、Samuel Beeton氏と結婚したのは20歳のとき。そしてほどなくして、この本の元となる記事を、彼の発刊する雑誌「The English Woman's Domestic Magazine」に寄稿し始めます。ビートン夫人の家政書の中でも、人気を集めたのがレシピページ。美しい挿絵と共に、スープからデザートまで、ヴィクトリア時代の中産階級が食卓に求めるアイディアに溢れていました。ただし、そのレシピの多くは先の雑誌へ読者から寄せられたものや、イライザ・アクトン（P122）をはじめとする既存のレシピ本から集めたもの。彼女自身は、料理家というよりは編集者的手腕を発揮しています。

　この本の中にはビスケットタイプ3種と、ひとつのケーキタイプのジンジャーブレッドが登場します。オレンジピールやアンゼリカ、キャラウェイシードにトリークル、それらを小麦粉と卵でまとめ、丸めて焼いた「RICH SWEETMEAT GINGERBREAD NUTS」。ジンジャーのほかにオールスパイスやコリアンダーが入り、しかもカイエンペッパーも好みでどうぞという「SUNDERLAND GINGERBREAD NUTS」。そして、珍しくトリークルが入らずレモン風味のビスケット「WHITE GINGERBREAD」。

　ここでは唯一のケーキタイプである、「THICK GINGERBREAD」をご紹介します。これは焼き上がり直前に一度オーブンから出して、塗り黄身でつやを出す点が独特です。ここでは作りやすいよう、分量をオリジナルの1/3量に減らしています。

THICK GINGERBREAD.

INGREDIENTS: 1 lb. of treacle, ¼ lb. of butter, ¼ lb. of coarse brown sugar, 1½ lb. of flour, 1 oz. of ginger, ½ oz. of ground allspice, 1 teaspoonful of carbonate of soda, ¼ pint of warm milk, 3 eggs.

Mode: Put the flour into a basin, with the sugar, ginger, and allspice; mix these together; warm the butter, and add it, with the treacle, to the other ingredients. Stir well; make the milk just warm, dissolve the carbonate of soda in it, and mix the whole into a nice smooth dough with the eggs, which should be previously well whisked; pour the mixture into a buttered tin, and bake it from ¾ to 1 hour, or longer, should the gingerbread be very thick. Just before it is done, brush the top over with the yolk of an egg beaten up with a little milk, and put it back in the oven to finish baking.

　Time ¾ to 1 hour. Average cost 1s. per square. Seasonable at any time.

Recipe 〈18cm 角形 1 台分〉

A	薄力粉	225 g
	ジンジャーパウダー	小さじ 2
	オールスパイス	小さじ 1
	ブラウンシュガー	40g
B	無塩バター	40 g
	ブラックトリークル	150 g
重曹		小さじ 1/3
牛乳		45ml
卵		1 個
＜つや出し用＞		
卵黄・牛乳		少々

下準備　オーブン余熱 170℃
型にオーブンペーパーを敷く

❶ B を小鍋に入れて弱火にかけ、バターが溶けたら、粗熱を取っておきます。

❷ A を合わせてボールにふるい入れ、①を流し入れて、ゴムベラで軽く混ぜ合わせます。

❸ 牛乳を人肌程度に温め、重曹を溶かします。溶いた卵と共に②に加え、ムラなく混ぜ合わせます。

❹ 型に③を流し入れ、170℃のオーブンで30分ほど焼きます。一度取り出し、つや出し用の卵黄と牛乳少量ずつを混ぜ合わせたものを刷毛で表面に塗ります。オーブンに戻し、5 分焼いてから取り出します。

Tip　涼しいところで密閉保存し、翌日からが食べごろです。

Alison Uttley's Travellers' Gingerbread

アトリーのトラベラーズジンジャーブレッド

アトリーのトラベラーズ
ジンジャーブレッド

Alison Uttley's Travellers' Gingerbread

Here

 おくちに入れた瞬間ローズが香る
ソフトで不思議なジンジャーブレッド

　Alison Uttley（アリソン）（1884 – 1976）は、リトルグレイラビットシリーズをはじめとした絵本や児童文学を100冊以上世に出した童話作家です。ダービーシャー中央部のCromford（クロムフォード）という小さな村に生まれ、18歳までをそこで過ごした彼女の作品を彩るのは、ダービーシャーの豊かな自然とおだやかな田舎暮らしの活き活きとした描写。

　中でも、タイムトラベル物の先駆けといわれる「A Traveller in Time（時の旅人）」は、大人になった今読むとさらに、動物やハーブ、空気の香りまで伝わってきそうなその筆致に、物語の世界に自分も入り込んでしまったような錯覚に陥ります。あらすじは、ロンドンから田舎の伯母の家に転地療養しにきた少女が、そこが荘園領主（Anthony Babington）のお屋敷だった16世紀にタイムトリップし、スコットランド女王メアリー救出劇に遭遇する……というもの。その舞台となるお屋敷や自然こそが、アトリーが幼少時代をその近くで過ごした実在の場所なのです。

　その中で語られる1900年代初頭の農場の豊かな食卓には、ダービーシャーらしいオーツケーキやお菓子などがたくさん登場します。これらもまた、彼女の少女時代の実際の思い出と経験から綴られているもの。その農場での日々の暮らしや、彼女のお母さんのレシピ本などをベースにまとめた本「Recipes from an Old Farmhouse」には、THOR CAKE & GINGERBREADという章があり、ダービーシャーらしく、ソーケーキ（P52）とパーキン（P66）のレシピが2種類ずつ、ケーキタイプやビスケットタイプのジンジャーブレッドも6種類載っています。

　この中から、一番アトリーらしいレシピを選んでみました。「Travellers'（トラベラーズ）Gingerbread」と名付けられたそれは、バラの香りのするジンジャーブレッド。

ブラックトリークルに、ジンジャー、シトラスとローズウォーターが生み出すこの不思議な香りのジンジャーブレッドを口にすると、100年前のアトリーの世界にトリップできそうな気がします。その形状とネーミングから、当時は旅のお供にされていたのかもしれませんが、今はこのジンジャーブレッドをお茶のお供に、「A Traveller in Time（時の旅人）」の物語の中に旅するのもいいかもしれません。

　ここでは作りやすいように、オリジナルの1/4量にしてあります。ローズウォーターの分量はお好みで加減してくださいね。

1.「時の旅人」の舞台となった1403年築のお屋敷　2. ダービーシャーの広々とした景色

Recipe〈約24個分〉

| 薄力粉 | 170 g |
| 無塩バター | 55 g |

A	きび砂糖	55 g
	ジンジャーパウダー	小さじ1/2
	ナツメグ	少々
	ミックスピール（みじん切り）	20 g

B	重曹	小さじ1/4
	牛乳	小さじ2
	ブラックトリークル	55 g
	卵	1/2個
	ローズウォーター	小さじ2/3

【下準備】 オーブン余熱160℃
天板にオーブンペーパーを敷く

❶薄力粉にバターを加え、指先を使ってバターと粉をすり合わせサラサラの状態にします。Aを加えてざっと混ぜ合わせます。

❷重曹と牛乳を混ぜ合わせ、そこに残りのBの材料を加えて混ぜ合わせます。これを①に加えてひと固まりになるようゴムベラで混ぜ合わせます。（生地が柔らかい時は冷蔵庫で30分ほど冷やしましょう）

❸ひとつ15gに分けて手で丸め、天板に並べます。指先で真ん中にギュッとくぼみをつけます。160℃のオーブンで15〜17分ほど焼きます。

マデリンの
ジンジャーブレッド

Madeleine's Gingerbread

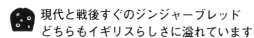

現代と戦後すぐのジンジャーブレッド
どちらもイギリスらしさに溢れています

　私のイギリス暮らしの師匠、Madeleine。ウィルトシャーの小さな村にある彼女の家で教えてもらったのは、ローストやシチューなどのイギリス料理、パンやケーキといったベイキング、エルダーフラワーや野の植物を利用する四季折々の保存食づくり、クリスマスやイースターなど行事の習わしなど、様々なイギリスの食生活と文化についてでした。

　ある日のテーマは、「ジンジャー」。あれやこれやジンジャーについて聞きながら手を動かし、最終的にテーブルに並んだのは、ビスケットやケーキ状の数種類のジンジャーブレッドにプディング、ジンジャービアまで、とにかくその多彩さに目がまん丸になったものです。ジンジャーブレッドといえばジンジャーブレッドマンくらいしか頭に浮かばなかった私にとって、味はもちろん、その奥深さの虜となりました。

　ここでは、「甘くペタペタしすぎないジンジャーブレッドにバターを塗って食べるのが好き」というマデリンのジンジャーブレッドと、もうひとつ、彼女が大叔母のパットおばさんから教わったというジンジャーブレッドをご紹介します。

　パットおばさんは1899年ロンドン生まれ。本名はEdith Higginsですが、3月17日St.Patrick's Day^{セントパトリックス デイ}生まれなので愛称Pat。当時の少女にしては珍しく、高校卒業後、今も続くMorley Collegeで料理や経営について学ぶことができました。一度は料理人としての道を進みますが、第二次世界大戦により世界は変わり、彼女の興味も料理から栄養学へと移っていきます。その頃は長く続く食糧難に、子どもたちの多くが満足に食事を摂ることができない状況。政府は給食制度を始めようとロンドンカウンシルに School Meals Division を立ち上げ、彼女もそこに職を移します。一食1シリング（父親が戦争で負

傷し働けない場合は無料）で温かい食事を提供したこの給食政策は、子ども
たちの健康面だけではなく、それぞれの学校に近代的なキッチンを設置し、
仕事のない女性たちに、子どもたちが学校にいる午前中だけ働くことのでき
る場を提供したことで、戦後の労働者層の復興にも貢献したのだとか。イギ
リスでは戦争が終わったあと9年間も続いた食糧配給制度、限られた材料と
コストでできるだけ栄養があって、お腹が満たされる給食を考えるのが、パッ
トおばさんの新しい仕事でした。最終的には管理責任者まで勤め上げたと
いうから、相当やりがいのある職業だったに違いありません。

　そんなパットおばさん直伝の、1950、60年代の給食用ジンジャーブレッド。
大きく切り分けて、温かいカスタード（Birdsの粉末カスタードですが）を
たっぷりかけて子どもたちに配っていたそうです。材料をご覧になってお分
かりのとおり、決してリッチな味わいではありませんが、この味を知ること
もまた、貴重な経験。オリジナルのレシピはさすが給食、分量が多いので、
ここでは作りやすい分量でご紹介してあります。

マデリンの家でのジンジャーブレッド作り

Madeleine's Gingerbread

マデリンの ジンジャーブレッド

マデリンのジンジャーブレッド

A	薄力粉	300 g
	ベーキングパウダー	小さじ 2
	ジンジャーパウダー	小さじ 2
	シナモン	小さじ 2
	塩	ひとつまみ
	きび砂糖	150 g
B	無塩バター	150 g
	ブラックトリークル	200 g
C	卵	2 個
	牛乳	130ml

下準備 オーブン余熱 170℃
型にオーブンペーパーを敷く

❶ B を小鍋に入れて弱火にかけ、バターが溶けたら火から下ろし、粗熱を取っておきます。

❷ A を合わせてボールにふるい入れ、きび砂糖を加えてざっと混ぜます。①を流し入れてゴムベラで混ぜ合わせます。

❸ C を合わせて②に加えながら、ムラなく混ぜ合わせます。型に流し入れ 170℃のオーブンで 50 〜 60 分ほど焼きます。

Tip 涼しいところで密閉保存し、翌日からが食べごろです。

Recipe 〈17×27cm 長方形型 1台分〉

パットおばさんのジンジャーブレッド

A	薄力粉	250 g
	重曹	小さじ 1/4
	ジンジャーパウダー	小さじ 1½
	シナモン	小さじ 1½
	塩	ひとつまみ
B	ラード	75 g
	ブラウンシュガー	75 g
	ゴールデンシロップ	50 g
	ブラックトリークル	50 g
C	卵	1 個
	牛乳	140ml

下準備 オーブン余熱 170℃
型にオーブンペーパーを敷く

❶ B を鍋に入れて弱火にかけ、全て溶けるまで混ぜながら加熱し、粗熱を取っておきます。

❷ A を合わせてボールにふるい入れ、①を流し入れて、ゴムベラで混ぜ合わせます。

❸ C を加え、ムラなく混ぜ合わせたら、型に流し入れ、170℃のオーブンで 30 分ほど焼きます。

Tip 好みで温かいカスタードソースを添えていただきます。ラードの香りが気になる場合は、無塩バターに代えても OK。

Aunty Pat's Gingerbread
パットおばさんのジンジャーブレッド

133

ジンジャーブレッドの保存法とヒント

🍪 ビスケットタイプ

缶などの密閉容器に入れて、常温保存。乾燥剤も一緒に入れてあげれば大抵2週間ほどは日持ちします。

🍰 ケーキタイプ、🍞 中間タイプ

ラップで包んで、缶やタッパーウエアなどの密閉容器に入れ、日の当たらない涼しいところで保存してください。夏ならクーラーの効いた部屋、冬なら廊下など。基本的に冷蔵庫は苦手です。乾燥し味が落ちてしまうので、できるだけ避けてください。
夏以外は、大抵5〜7日間は日持ちしますが、食べきれないときは早めの冷凍保存がおすすめです。
(例外:ルバーブジンジャーブレッド、アイリッシュスタウトジンジャーブレッドは翌日以降は冷蔵庫で保存してください。)

多くのケーキタイプのジンジャーブレッドは、焼いてから1〜2日置いたほうが味が馴染んで美味しくなります。日ごとに変わる味わいを楽しんでください。

本書に登場する多くのジンジャーブレッドは、作りやすいよう、オリジナルのレシピの半分や1/4量などに代えています。ですが、それでも食べきれそうもないわ、という時は、さらに半分の量で作ってみるのも手。例えば本書によく登場する17×27cm長方形型や21cm角型のケーキなら15cm角型で、2lb(21×11cm)のローフ型なら18×8cmくらいのローフ型で、焼き時間は様子を見ながら減らしてください。

Ingredients

~材料~

昔から家庭で作られてきたものなので材料はとてもシンプル。
穀類（小麦粉やオーツ）、砂糖とトリークル、ジンジャーなどのスパイス類に、
他のイギリスケーキよりは大分控えめな量のバターと卵、これが基本。
副材料としてドライフルーツやナッツが入ることもありますが、あくまで少量。
何十年も、あるいは数百年も前から、地方でも、それほど裕福ではなくとも、
なんとか手に入れることのできた材料ばかりです。
有難いことに日本でも、その多くを購入することができるようになりました。
一部入手が難しいものは代替のものを使い、
ほぼイギリスと同じ味を再現することができます。

イギリスの砂糖の種類について

イギリスの砂糖には多くの種類があります。本書では色の濃いダークブラウンシュガーとモスコバドシュガーの代わりに「ブラウンシュガー」を、色の薄いライトブラウンシュガーとデメララシュガー（ジンジャーブレッドでは溶かしての使用法が主なため）の代わりに「きび砂糖」を使用しました。

本書で、「ブラウンシュガー」と表記しているものに関しては、できるだけ色の濃いものを選んで使用してください。赤糖や、粉末の黒糖でも代用できます。

1.グラニュー糖　2.アイシングシュガー（粉糖）3.カスターシュガー（微細グラニュー糖）4.ゴールデンカスターシュガー　5.ライトブラウンソフトシュガー　6.ダークブラウンソフトシュガー　7.ライトモスコバドシュガー　8.ダークモスコバドシュガー　9.デメララシュガー（粒子の大きな褐色の砂糖）

1.ゴールデンシロップ
甘露飴にも似た、どこか懐かしい甘さのシロップは、パンケーキにかけたり、お菓子作りの材料として、イギリスでは欠かせない存在です。

2.ブラックトリークル
濃度の強い、ほのかな苦みが特徴のシロップ。ほぼ同じ風味のアメリカ産のモラセスが日本では手に入れやすいため、本書ではこちらを使用しています。

トリークルについて

イギリスのジンジャーブレッドの食感と風味を特徴づけているのが、トリークルと呼ばれる糖蜜。砂糖を精製する際にできる副産物で、色の薄いゴールデンシロップと、黒蜜色のブラックトリークルとがあります。

砂糖より安価だったトリークルを上手に使い、日持ちのする美味しいジンジャーブレッドが生まれました。

日本では製菓材料店や、輸入食材を扱うネットショップなどで手に入ります。ブラックトリークルの代わりには、モラセスがおすすめです。

ジンジャーについて

イギリスのお菓子作りに使われるのは、主に3種あります。

- **ジンジャーパウダー**…粉末状の乾燥しょうが
- **ステムジンジャー**…直径3cmほどのしょうがのシロップ煮

刻んで生地に加えるほか、シロップを利用することも。

- **クリスタライズドジンジャー**…ステムジンジャーの表面を結晶化させ乾燥させたもの

刻んで生地に加えるほか、デコレーションに使うことも。

1.ジンジャーパウダー　2.クリスタライズドジンジャー　3.ステムジンジャー

ステムジンジャーは日本ではなかなか手に入らないので、手作りがおすすめです。

またクリスタライズドジンジャーは日本の「生姜糖」でも代用できますが、薄切りのものが多いので、下記の方法で一度に両方手作りしてしまうのもおすすめです。

Recipe

【ステムジンジャー】

1. しょうが400gを一晩冷凍します。

2. 半解凍の状態でスプーンで皮をこそげ取ります。冷たいので手袋をするといいでしょう。

3. 2〜3cm角程度の大きさにカットし鍋に入れ、たっぷりの水を加えます。弱火で約60〜90分、途中水が減るようなら足しながら、蓋をして柔らかくなるまで煮ます。

4. グラニュー糖400gと③の茹で汁200mlを火にかけ、砂糖が溶けたら③のしょうがの水分を切って加え、蓋をして弱火で40〜60分、透明になるまで煮ます。煮沸消毒した瓶に詰めて保存しましょう。冷蔵庫で2か月保存可能です。

【クリスタライズドジンジャー】

1. 左記ステムジンジャー150gを1cm角にカットし、そのシロップ100gと共に鍋に入れて、中火にかけます。シロップが沸騰し蒸発していくので、木べらで混ぜ続けます。

2. ほぼシロップがなくなったら火を弱め、更に木べらで混ぜ続けると、砂糖が結晶化し、全体が粉をふいたような状態になります。ジンジャーのひとつひとつに粉がまとわりついてパラパラになったらすぐに火を止め、ざるなどに広げて冷まします。2〜3日バットなどに広げた状態で置いておき、しっかり乾燥させてから、密閉容器に入れて保存しましょう。冷蔵庫で2か月保存可能です。

オーツ（オートミール）& その他の材料について

イギリスでは、一度蒸して潰し、食べやすく加工したポリッジオーツから、精麦した粒をいくつかにカットしただけのスチールカットオーツ、それらを粉状に挽いたものまで様々な形状で売られています。本書では基本的に、日本で一般にオートミールとして売られている、蒸して潰したタイプのもの（下記❹または❺）を使用しています。

現在はイギリスでも、ジンジャーブレッド作りにポリッジオーツを使うことが多いのですが、伝統的にはオーツを蒸さずに砕いたミディアムオートミールや、細目のファインオートミールを使ってきました。日本ではスチールカットオーツが輸入食材店や健康食品店などで手に入るので、それをミルサーなどで砕いて使用すると、オーツ本来の食感と伝統の味をより楽しむことができます。

1. スチールカットオーツ
   （ピンヘッドオーツ）
2. ミディアムオートミール
3. ファインオートミール
4. ロールドオーツ
   （ジャンボオーツ）
5. ポリッジオーツ
   （オートフレーク）
6. 本書のレシピに登場する「オーツをフードプロセッサーにかけてください」とした状態

【ミックススパイス】

イギリスの焼き菓子によく使われるスパイス。日本では同じものが手に入らないので、手作りがおすすめです。下記の割合で混ぜ、瓶に入れて保存しておくと便利です。

コリアンダー 50%・オールスパイス30%・シナモン10%・ジンジャー 5%・ナツメグ5%（例：コリアンダー小さじ10・オールスパイス小さじ6・シナモン小さじ2・ジンジャー・小さじ1・ナツメグ小さじ1）

【ミックスピール】

イギリスでよく使われる、オレンジピールとレモンピールの砂糖漬けのミックス（小さく刻んであります）。
オレンジピールとレモンピールを3：1くらいで合わせると理想的です。両方揃わなければ、オレンジピールだけでも構いません。

Antique kitchen goods

アンティークのキッチングッズ

　イギリスのキッチンにあるヴィンテージの道具類は、一見何に使うのか分からないものも多いですが、聞くとどれもなるほどという用途と、実際に今も現役ということによく驚かされます。

　こういった道具や古いレシピを見ると、せっせと家族のために美味しいものを作るお母さんたちの後ろ姿が見える気がします。

19世紀から人気のベージュ色の陶器製**ミキシングボール**。調理用の木のスプーンと共に、イギリスベイキングの必需品でした。

ヴィクトリア時代まで大きなコーン状の塊で売られていた砂糖。この**シュガーニッパー**を使い家庭でカットし、砕いてから使用しました。

ヴィクトリア時代の**ナイフクリーナー**。ドラムにナイフを差し込みハンドルを回すと、一度に数本のナイフを磨くことができました。

1940年代の取っ手つきのガラスジャグにセットされた**ハンドル式ビーター**。卵やクリームの泡立ても、周りに飛び散らず、注ぐのにも便利です。

1930年代の**クリームメーカー**。牛乳とバターを温め、上の部分に注ぎポンプを上下させると、下のガラス部分に生クリームが出てくる優れもの。

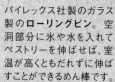

パイレックス社製のガラス製の**ローリングピン**。空洞部分に氷や水を入れてペストリーを伸ばせば、室温が高くともだれずに伸ばすことができるめん棒です。

つまみを回すと、オンスやパイントから、上部の小窓にグラムやミリリットルに変換されて表示される、Metricookと呼ばれる**換算ツール**。

1930〜50年ごろに人気だった**ビーンスライサー**。さやいんげんのような豆を上から差し込んでハンドルを回すと、斜めにスライスされて出てきます。

可動式の矢印をパタンと倒す、**お買い物メモのようなグッズ**。卵や洗剤、ゼラチンやベーキングパウダーまで、当時の必需品がうかがい知れます。

底とサイドに沿って取り付けられた可動式のブレードをぐるりと回すと、焼きついたケーキも簡単に型から外すことができるという**ケーキ型**。

ルシアンケーキ（またはバッテンバーグ）と呼ばれる市松模様のケーキを作るため、2色のケーキが一度に焼けるようしきりの付いた**ケーキ型**。

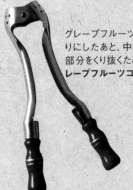

グレープフルーツを輪切りにしたあと、中央の軸部分をくり抜くための、**グレープフルーツコラー**。

ナツメググレーター。筒状の部分にナツメグをセットして前後させれば、最後まで上手に削れるようになっています。

ナッツブラウン社の**エッグポーチャー**。卵を落として茹でれば、お花型の可愛いポーチドエッグができます。

同じくナッツブラウン社の**ビスケット（ペストリー）カッター**。柄を持って前に転がすだけで、生地が円形にカットされるようになっています。

おわりに

ページ数を倍にしたいと何度思ったことでしょう
イギリスのジンジャーブレッドの魅力は語り始めるとエンドレス
中途半端に紹介しては
何百年と愛されてきたジンジャーブレッドの評判を
逆に落とすことになりかねない
けれど作業が進むにつれ その魅力を余すことなく伝えるには
到底 知識と技量が及ばないことに否が応にも気付かされ
でも それでもやはり伝えたい……

力不足を痛感しつつの本書ですが
この本を手に取ってくださった皆さんに
イギリスのジンジャーブレッドの後ろ側には
恐ろしく豊かなバックグラウンドが広がっていること
また 食べる人を優しい気持ちにしてくれる
その包容力に溢れた魅力を
少しでもお伝えできればこの上ない幸せです
そして
多かれ少なかれ誰もが自由を制限された 2020 年
ページをめくりながら ひと時
ジンジャーブレッドの国に思いを巡らせ
心の旅を楽しんでいただけたら望外の喜びです

****

本書をまとめるにあたり わがままをお許しいただいた出版社のみなさん
デザインやイラストほか お力添えいただいた
全ての方々に心より御礼申し上げます
そしていつも普段着のイギリスの魅力を教えてくる Madeleine にも
心より感謝を
Thank you always for your help. As you say, we did work hard and enjoyed
during those cooking sessions, didn't we!

2020 年 安田真理子

142

Bibliography

Acton, Eliza *Modern Cookery for Private Families* (first published 1845; Quadrille Publishing, 2011)

An Comunn Gaidhealach *Recipes of the Highlands & Islands of Scotland* (Kelevala Books, 2010)

Bacon, Margaret *Margaret's Baking Journey Around the British Isles* (2008)

Beeton, Isabella *Mrs Beeton's Book of Household Management* (first published 1861; Chancellor Press,1984)

Black, Maggie *A Taste of History* (British Museum Press,1993)

Boermans, Mary-Ann *Great British Bakes* (Square Peg, 2013)

Bragdon, Allen D. *The Gingerbread Book* (Skyhorse Publishing, 1984)

Brears, Peter *Cooking and Dining with the Wordsworths* (Excellent Press, 2011)

Brears, Peter *Traditional Food in Shropshire* (Excellent Press, 2009)

Ditchfield, P.H *Old English Customs* (first published1896; Folk Customs, 2014)

Duff, Julie *Cakes Regional and Traditional* (Grub Street, 2005)

Dunstan, John *Old Derbyshire Desserts* (Lulu.com, 2015)

Glasse, Hannah *The Art of Cookery Made Plain and Easy* (first published1747; Prospect Books 2012)

Grigson, Jane *English Food* (Macmillan,1974)

Grigson, Jane *The Observer Guide to British Cookery* (Michael Joseph, 1984)

Hartley, Dorothy *Food in England* (Macdonald,1954)

Hughes, Glyn *The Lost Foods of England* (Lulu.com, 2017)

Lewis, June *The Cotswold Cook Book* (A Cotswold Life Publication, 1990)

Mason, Laura and Brown, Catherine *Traditional foods of Britain* (Prospect Books, 1999)

McNeil, F. Marian *The Scots Kitchen* (first published 1929; Mercat Press,1998)

Norwak, Mary *The Farmhouse Kitchen* (first published 1975; Ward Lock, 1991)

Rundell, Maria Eliza *A New System of Domestic Cookery* (first published 1840; Andesite Press, 2017)

Slack, Margaret *Gingerbread* (Midsummer Books, 1995)

Slack, Margaret *Yorkshire Fare* (Dalesman books,1979)

Taggart, Caroline *A Slice of Britain* (AA Publishing, 2014)

Twiddy, E.Smith *Little Welsh Cook book* (The Appletree Press, 1990)

Uttley, Alison *A Traveller in Time* (first publised1939; Puffin, 2015)

Uttley, Alison *Recipes from an Old Farmhouse* (Faber and Faber, 1966)

White, Florence *Good things in England* (first pubulished1932; Persephone Books,1999)

Wolfe, Ellen *Recipes from the Orkney Islands* (first published 1978 ; Steve Savage Publishers, 2005)

Wordsworth, Dorothy *The Grasmere Journal* (1800-1803; OUP Oxford, 2008)

Galettes and Biscuits

安田真理子 (Mariko Yasuda)

仙台市出身。2007年より宇都宮にてお菓子教室をはじめる。2008〜
2012年はイギリスに場所を移して教室を続け、現在はまた宇都宮でイ
ギリス菓子教室「Galettes and Biscuits（ガレットアンドビスケット）」
を主宰。イギリスで学んだ手作りのイギリス菓子の奥深さと、その癒
しの空気、楽しさを伝えることが趣味であり喜び。
著書に「BRITISH HOME BAKING おうちでつくるイギリス菓子」、「イギ
リスお菓子百科」（共にソーテック社）。

Galettes and Biscuits（イギリス菓子教室 ガレットアンドビスケット）
http://www.lesgalettes.com

ブックデザイン	清水佳子 (smz')
イラスト	なめきみほ
撮影・スタイリング	安田真理子

ジンジャーブレッド　英国伝統のレシピとヒストリー

発行日　2020年12月5日　第1刷発行

著　者	安田真理子
発行者	清田名人
発行所	株式会社内外出版社
	〒110-8578 東京都台東区東上野2-1-11
	電話　03-5830-0368（企画販売局）
	電話　03-5830-0237（編集部）
	https://www.naigai-p.co.jp/
印刷・製本	中央精版印刷株式会社

© Mariko Yasuda 2020 Printed in Japan
ISBN 978-4-86257-541-8　C0077